사르비아 총서 · 511

천자문 千字文

주흥사 지음 / 안춘근 엮음

범우사

이 책을 읽는 분에게

    천자문은 한자 1,000자를 사용하여 만든 책입니다. 이 한자 1,000자는 우리 글의 'ㄱㄴㄷ', 즉 한글의 자모 24자와 같이 한문의 기본이 되는 글자들입니다. 그러므로 한문 공부를 하려면 우선 이 천자문부터 배워야 합니다. 옛날 중국에는 이와 같은 천자문이 몇 가지 있었습니다. 그런데 이《천자문》은 한자 1,000자를 아무렇게나 뽑아낸 것이 아니라, 같은 글자가 거듭 사용되는 일이 없도록 하여 4글자씩 짝을 지어 1행으로 하고, 이것을 다시 2행씩 묶어 125개의 시를 모은 시집입니다.

    이 시집 속에 들어 있는 시의 내용은 자연과 우주, 정치, 충효 사상, 그리고 수양 등 사람이 살아가는 데 반드시 알아야 할 여러 가지 교훈적인 가르침입니다.

역사책을 보면, 양나라 무제가 어떤 신하를 시켜 왕희지의 글씨 가운데서 자기가 좋아하며 가장 소중하게 여기는 글자 1,000자를 뽑아서 종이 한 장에 한 자씩 쓰도록 한 다음, 글을 잘 짓는다는 주흥사로 하여금 1,000자로 시를 지으라고 명령했다고 합니다.

주흥사는 단 하루 만에 천자문을 완성했는데 얼마나 어려웠던지 이 책을 짓고서 백발이 되었다고 합니다. 그래서 이 책을 천자문이라고 하지 않고 흰머리 글이라는 뜻의 '백수문(白首文)' 이라고 부르기도 합니다.

이렇게 해서 지어진 천자문은 지난 1,500년 동안 중국은 말할 것도 없고, 우리나라와 일본에서 한문을 익히는 데 제일 먼저 배우는 교과서로 쓰이게 되었습니다.

이 천자문은 원래 중국 사람이 지은 것이나, 우리나라에서는 중국 글자 그대로의 발음이 아닌, 우리 고유의 독특한 음으로 발음되는 우리나라 한자로 발전되어 세종대왕이 한글로 만들기 전까지는 우리말로 쓰였습니다. 따라서 우리 조상들의 전통을 바로 알고자 한다면, 이 천자문을 바탕으로 해서 발전한 한문을 모르고서는 완전히 이해하기가 어렵습니다.

이제 우리는 이것을 한글로 바꾸려고 애를 쓰고 있습니다.

학교도 지금은 한자가 아닌 한글만으로 '학교' 라고 쓰고 있습니다. 그러나 공부하는 곳을 왜 학교라고 했는지를 좀더 깊이 알려고 든다면 그 말의 근원인 한자를 모르고서는 좀처럼 이해하기 힘들 것입니다.

우리가 쓰고 있는 말과 글의 뜻을 대충 알고 그만둔다면 모르되, 보다 근원적인 것을 캐서 완전하게 알려고 한다면 적어도 한자 1,000자 정도는 알고 있어야 합니다.
　지금에 와서 다시 한자를 배운다는 것은 어려운 일이니 써서는 안 된다고 주장하는 사람도 있습니다. 하지만 이들 대부분은 이미 한자를 배워 많이 알고 있기 때문에 한글만으로도 뜻을 충분히 이해할 수 있는 사람들이라는 것을 잊어서는 안 됩니다.
　또한 어려운 한문을 배우면 문화 발전이 더뎌진다는 말을 하는 사람도 있습니다. 그러나 우리는 우리보다 한자를 더 많이, 그리고 더 열심히 배우고 있는 나라가 오히려 더 과학 문명이 발달했다는 사실도 알아야 할 것입니다.
　이와 같은 여러 가지 이유에서, 비록 학교에서는 한자를 많이 배우지 못한다 할지라도 틈이 나는 대로 이 천자문 한 권만이라도 잘 배워 두는 것이 앞으로 생활해 나가는 데 많은 도움이 될 것입니다.

1992년 10월
엮은이 **안춘근**

차례

이 책을 읽는 분에게 ___03___

1. 천지현황 우주홍황 ___11___
2. 일원영측 진수열장 ___12___
3. 한래서왕 추수동장 ___13___
4. 윤여성세 율려조양 ___14___
5. 운등치우 노결위상 ___16___
6. 금생려수 옥출곤강 ___17___
7. 검호거궐 주칭야광 ___19___
8. 과진리내 채중개강 ___20___
9. 해함하담 인잠우상 ___21___
10. 용사화제 조관인황 ___22___

11. 시제문자 내복의상 ___23___
12. 추위양국 유우도당 ___24___
13. 조민벌죄 주발은탕 ___26___
14. 좌조문도 수공평장 ___27___
15. 애육려수 신복융강 ___28___
16. 하이일체 솔빈귀왕 ___29___
17. 명봉재수 백구식장 ___30___
18. 화피초목 뇌급만방 ___31___
19. 개차신발 사대오상 ___32___
20. 공유국양 기감훼상 ___34___

21. 여모정렬 남효재량 *35*
22. 지과필개 득능막망 *36*
23. 망담피단 미시기장 *38*
24. 신사가복 기욕난량 *39*
25. 묵비사염 시찬고양 *40*
26. 경행유현 극념작성 *41*
27. 덕건명립 형단표정 *42*
28. 공곡전성 허당습청 *44*
29. 화인악적 복연선경 *46*
30. 척벽비보 촌음시경 *47*

41. 악수귀천 예별존비 *58*
42. 상화하목 부창부수 *59*
43. 외수부훈 입봉모의 *60*
44. 제고벅숙 유자비아 *61*
45. 공회형제 동기연지 *62*
46. 교우투분 절마잠규 *64*
47. 인자은측 조차불리 *65*
48. 절의염퇴 전패비휴 *66*
49. 성정정일 심동신피 *68*
50. 수진지만 축물의이 *69*

31. 자부사군 왈엄여경 *48*
32. 효당갈력 충즉진명 *49*
33. 임심리박 숙흥온청 *50*
34. 사난사형 여송지성 *51*
35. 천류불식 연징취영 *52*
36. 용지약사 언사안정 *53*
37. 독초성미 신종의령 *54*
38. 영업소기 적심무경 *55*
39. 학우등사 섭직종정 *56*
40. 존이감당 거이익영 *57*

51. 견지아조 호작자미 *71*
52. 도읍화하 동서이경 *73*
53. 배망면락 부위거경 *74*
54. 궁전반울 누관비경 *75*
55. 도사금수 화채선령 *76*
56. 병사방계 갑장대영 *77*
57. 사연설석 고슬취생 *78*
58. 승계납폐 변전의성 *80*
59. 우통광내 좌달승명 *81*
60. 기집분전 역취군영 *82*

61. 두고종례 칠서벽경 _____ 83
62. 부라장상 노협괴경 _____ 84
63. 호봉팔현 가급천병 _____ 85
64. 고관배련 구곡진영 _____ 86
65. 세록치부 거가비경 _____ 87
66. 책공무실 늑비각명 _____ 88
67. 반계이윤 좌시아형 _____ 89
68. 엄택곡부 미단숙영 _____ 90
69. 환공광합 제약부경 _____ 91
70. 기회한혜 설감무정 _____ 92

71. 준예밀물 다사식녕 _____ 94
72. 진초갱패 조위곤횡 _____ 95
73. 가도멸괵 천토회맹 _____ 96
74. 하준약법 한폐번형 _____ 97
75. 기전파목 용군최정 _____ 98
76. 선위사막 치예단청 _____ 99
77. 구주우적 백군진병 _____ 100
78. 악종항대 선주운정 _____ 101
79. 안문자새 계전적성 _____ 102
80. 곤지갈석 거야동정 _____ 103

81. 광원면막 암수묘명 _____ 104
82. 치본어농 무자가색 _____ 105
83. 숙재남묘 아예서직 _____ 106
84. 세숙공신 권상출척 _____ 107
85. 맹가돈소 사어병직 _____ 109
86. 서기중용 노겸근칙 _____ 111
87. 영음찰리 감모변색 _____ 112
88. 이궐가유 면기지식 _____ 113
89. 성궁기계 총증항극 _____ 115
90. 태욕근치 임고행즉 _____ 116

91. 양소견기 해조수핍 _____ 117
92. 색거한처 침묵적료 _____ 118
93. 구고심론 산려소요 _____ 119
94. 흔주루견 척사환초 _____ 120
95. 거하적력 원망추조 _____ 121
96. 비파만취 오동조조 _____ 123
97. 진근위예 낙엽표요 _____ 125
98. 유곤독운 능마강소 _____ 127
99. 탐독완시 우목낭상 _____ 128
100. 이유유외 속이원장 _____ 129

101. 구선손반 적구충장 _130_
102. 포어팽재 기염조강 _132_
103. 친척고구 노소이량 _133_
104. 첩어적방 시건유방 _134_
105. 환선원결 은촉위황 _135_
106. 주면석매 남순상상 _136_
107. 현가주연 접배거상 _137_
108. 교수돈족 열예차강 _138_
109. 적후사속 제사증상 _139_
110. 계상재배 송구공황 _140_

111. 전첩간요 고답심상 _142_
112. 해구상욕 집열원량 _143_
113. 여라독특 해약초양 _144_
114. 주참적도 포획반망 _145_
115. 포사료환 혜금완소 _146_
116. 염필륜지 균교임조 _148_
117. 석분리속 병개가묘 _149_
118. 모시숙자 공빈연소 _150_
119. 연시매최 희휘랑요 _151_
120. 선기현알 회백환조 _152_

121. 지신수우 영유길소 _153_
122. 구보인령 부앙랑묘 _154_
123. 속대긍장 배회첨조 _155_
124. 고루과문 우몽등초 _156_
125. 위어조자 언재호야 _157_

책 끝에 _158_
천자문 백과 _160_
천자문 박물관 _169_
부록 _181_
   한자의 부수(部首)와 이름
                        _182_
   넉 자씩 찾아보는 천자문
                        _184_
   음으로 찾아보는 천자문
                        _187_

01 천지현황 우주홍황 天地玄黃 宇宙洪荒

하늘은 높고 또 검고, 땅은 넓고 또 누렇고,
우주는 신비하고 또한 거칠어 보인다.

성경의 창세기 1장 첫머리에,
"한 처음에 하느님께서 하늘과 땅을 지어내셨다. 땅은 아직 모양을 갖추지 않고 아무것도 생기지 않았는데, 어둠이 깊은 물 위에 뒤덮여 있었고……"
라고 한 것과 같이, 이 천자문도 하늘과 땅을 비롯한 우주를 처음으로 하여 시로 지었습니다.

'눈을 들어 위를 보니 하늘이 있는데 어찌나 높고 먼지 헤아리기 어렵게 오묘하고, 아래로 굽어보니 땅이 있는데 빛이 누렇다. 이것이 우주를 이루는데, 넓고 아득해서 무엇이 어떻게 되는 것인지 분간하기가 어려운 실정이다' 라는 뜻입니다.

한자학습

天 : 하늘 천   地 : 땅 지   玄 : 검을 현   黃 : 누를 황
宇 : 집 우   宙 : 집 주   洪 : 넓은 홍   荒 : 거칠 황

02 일월영측 진수열장 日月盈昃 辰宿列張

해와 달은 채워지면 기울고,
별들은 각기 제자리에 널려 있다.

여기서는 우주에 대한 생각이 계속 이어지고 있습니다.

앞에서 설명한 우주 가운데서 해와 달과 별들의 움직임을 나타낸 것입니다. 다시 말해 하늘에는 해·달·별들이 있는데, 제각기 정해진 대로 규칙적으로 움직입니다. 아침에 해가 뜨면 서서히 서쪽으로 기울기 시작하여 저녁에 없어지는가 하면, 달은 15일까지 커졌다가 차츰 작아지기 시작하여 30일이면 아주 없어졌다가 1일부터 다시 커지기 시작합니다. 한편 별들은 또 각기 정해진 자리에 나타났다가는 없어집니다. 이렇게 하늘에서 일어나는 여러 가지 변화가 규율 있게 움직이는 것을 우주의 조화로서 관찰한 것입니다.

한자학습

日 : 날 일　　月 : 달 월　　盈 : 찰 영　　昃 : 기울 측
辰 : 별 진　　宿 : 잘 숙, 별자리 수　　列 : 벌일 렬　　張 : 베풀 장

03 한래서왕 추수동장 寒來暑往 秋收冬藏

겨울이 오고 더운 여름이 지나갔다.
가을에는 거두어들여 겨울에는 저장한다.

날씨가 싸늘하게 추워지면 겨울이 왔음을 알게 됩니다.
무더운 여름은 지나간 것입니다. 추운 겨울에는 모든 것이 자라기 어렵습니다. 가을에 다 자란 곡식을 추운 겨울이 다가오기 전에 모두 거두어들여서 곡식이 자랄 수 없는 겨울을 위해 저장해 두어야 합니다.

이것은 자연의 조화에 맞춰 우리 삶을 준비하자는 가르침입니다.

사람은 젊어서 부지런히 공부하고 일을 하여 늙어서 남에게 신세지지 않고 편안하게 살 수 있는 준비를 해야 한다는 풀이로 해석할 수도 있습니다.

한자학습

寒 : 찰 **한**   **來** : 올 **래**   **暑** : 더울 **서**   **往** : 갈 **왕**
秋 : 가을 **추**   **收** : 거둘 **수**   **冬** : 겨울 **동**   **藏** : 감출 **장**

閏 04
윤여성세 율려조양 閏餘成歲 律呂調陽

윤달을 조절해서 한 해를 이루고,
음률로써 음양을 고르게 한다.

앞에서 계절에 대하여 설명했으므로, 여기서는 이어서 1년을 365일로 풀이해서 설명하였습니다. 옛날 책을 보면 1년은

366일인데 여기에 윤달을 두었고, 사계절을 정하여 한 해를 이룬다고 하였습니다. 그 외에 달력 만드는 방법으로는, 음력으로 하면 양력보다 1년에 10일 정도가 남습니다. 이것이 3년 모이면 한 달이 되므로 윤달로 조정하게 되었습니다. 이러한 조절의 이치를 동양 철학에서 말하는 음과 양의 조화라고 설명한 것입니다.

   이로써 우리는 이미 오래 전부터 달력을 과학적으로 연구하여 우리의 생활에 크게 이용하고 있었음을 알 수 있습니다.

한자학습

閏 : 윤달 **윤**　　餘 : 남을 **여**　　成 : 이룰 **성**　　歲 : 해 **세**
律 : 법칙 **률**　　呂 : 법칙 **려**　　調 : 고를 **조**　　陽 : 볕 **양**

05 운등치우 노결위상 雲騰致雨 露結爲霜

> 구름이 올라가서 비가 내리고,
> 이슬이 맺혀서 서리를 이룬다.

이것은 자연과학에서 배우는 진리입니다. 물은 첫째로 흐르고 흘러서 시내를 거쳐 강물이 되어 다시 바다로 이어지고, 둘째로는 땅 속으로 스며들며, 셋째로는 수증기로 증발해서 구름이 되었다가 다시 비가 되어 땅 위로 내립니다. 이러한 물의 작용을 설명한 것입니다. 비와 이슬이 넉넉하면 풀과 나무가 잘 자라지만, 그와 반대로 찬 기운이 돌아 서리로 맺히게 되면 이롭지 못함을 나타내고 있습니다. 이렇듯 하늘의 조화를 알고 모든 일에 대처해야만 우리 생활이 보다 풍부해질 것이라는 교훈으로 볼 수 있습니다.

한자학습

雲 : 구름 운   騰 : 오를 등   致 : 이를 치   雨 : 비 우
露 : 이슬 로   結 : 맺을 결   爲 : 할 위   霜 : 서리 상

06 금생려수 옥출곤강 金生麗水 玉出崑岡

황금은 여수 하천에서 나오고,
옥돌은 곤륜산에서 캐낸다.

세상 사람들은 너나 할 것 없이 금덩이와 옥구슬을 귀중하게 여기고 있습니다. 이렇게 귀중한 황금은 여수라는 곳에서 나온다고 하였습니다. 여수란 확실치는 않으나 중국의 운남성에 있다고들 합니다.

한편 진귀한 옥구슬은 역시 확실치는 않으나, 많은 사람들이 중국 강소성에 있는 곤륜산이라는 곳에서 나온다고 하였습니다.

금이나 옥이 나오는 곳이 모두 중국에서는 역사적으로 유명한 곳입니다. 이렇듯 진귀하고도 값진 보배란 아무데서나 만들어지는 것이 아니라 특별한 곳에서만 나온다는 것을 알아야겠습니다.

한자학습

金 : 쇠 금	生 : 날 생	麗 : 고울 려	水 : 물 수
玉 : 구슬 옥	出 : 날 출	崑 : 뫼 곤	岡 : 뫼 강

07 검호거궐 주칭야광 劍號巨闕 珠稱夜光

> 칼로는 거궐이 보배요,
> 구슬로는 야광주가 으뜸이다.

　'거궐'은 중국 고대의 훌륭한 칼인데,《순자》는 간장, 막야, 거궐, 벽려 등이 훌륭한 칼이었다고 적고 있습니다. 한편 '야광'이란 밤에도 빛을 낸다는 구슬을 말하는데, 이것은 진주 가운데서도 가장 보배로운 것입니다.

　이 시는 땅 위에 있는 칼로서는 거궐이 가장 훌륭하고, 바다 속의 진주 중에서는 밤에는 빛을 낸다는 야광이 가장 귀하다는 뜻입니다. 이렇게 보면, 앞에서 황금과 구슬을 귀하다고 하였고, 이번에는 그와 맞먹는 거궐과 야광을 내용으로 함으로써 시로서의 조화를 이룬 것이라고 볼 수 있습니다.

한자학습

劍 : 칼 검　　號 : 이름 호　　巨 : 클 거　　闕 : 집 궐
珠 : 구슬 주　　稱 : 일컬을 칭　　夜 : 밤 야　　光 : 빛 광

08 과진리내 채중개강 果珍李柰 菜重芥薑

> 과일 중에서는 오얏과 사과 맛이 으뜸이요,
> 야채 중에서는 겨자와 생강이 소중하다.

사람은 음식을 먹지 않고서는 목숨을 보전할 수가 없는데, 그 중에서도 과일과 야채가 중요하다는 것을 말하고 있습니다. 그러나 여기 예로 든 오얏, 사과, 겨자, 그리고 생강 중에서 겨자나 생강은 쉽게 알 수 있으나, 오얏은 자두, 사과는 벚나무 열매라고 표기한 책도 있습니다.

하지만 여러 책에서 그대로 사과라고 풀이하고 있으므로 우리도 그것을 따르는 것이 좋을 것입니다. 식물 중에서도 특히 우리가 먹어서 유익한 것을 알리고자 한 시입니다.

한자학습

果 : 열매 **과**	珍 : 보배 **진**	李 : 오얏 **리**	柰 : 사과 **내**
菜 : 나물 **채**	重 : 무거울 **중**	芥 : 겨자 **개**	薑 : 생강 **강**

09 해함하담 인잠우상 海鹹河淡 鱗潛羽翔

> 바닷물은 짜지만 강물은 싱겁다.
> 비늘 있는 물고기는 물에 잠기고,
> 날개 있는 날짐승은 공중을 난다.

앞에서는 땅에서 나는 식물을 설명했으므로, 여기서는 이와 조화를 이루도록 바다에서 사는 물고기와 하늘을 날아다니는 새들을 설명하고 있습니다.

냇물이 흘러서 바다가 되는데, 냇물에서 사는 물고기와 소금기가 있는 바다에서 사는 물고기가 다릅니다.

하늘을 나는 새들은 날개가 있어 하늘 높이 날아오를 수 있습니다. 이것은 땅에 있는 냇물이나 바다에 맞서서 하늘에서 일어나는 현상을 설명하고자 한 것입니다.

한자학습

| 海 : 바다 해 | 鹹 : 짤 함 | 河 : 물 하 | 淡 : 싱거울 담 |
| 鱗 : 비늘 린 | 潛 : 잠길 잠 | 羽 : 깃 우 | 翔 : 날개 상 |

10 용사화제 조관인황 龍師火帝 鳥官人皇

> 제왕으로는 복희씨가 있었고,
> 벼슬아치로는 소호씨가 있었다.

고대 중국의 훌륭한 임금들과 벼슬아치들의 이름을 붙인 유래를 설명한 시입니다.

우선 시대순으로 본다면 인황, 용사, 화제의 순서로 기록해야 할 것이나, 한시의 경우 글자의 소리의 조화를 따지기 때문에 달리한 것입니다. 여기서 용사는 복희씨를 이르는데, 그는 한자를 만든 사람으로 용을 들어 벼슬 이름을 지었고, 신농씨는 불을, 소호씨는 봉황새를 들어서 벼슬 이름을 지었다고 합니다.

이렇듯 옛날의 정치 제도에는 짐승을 상징한 예가 많았는데, 이것은 그만큼 자연에 순응했음을 보여 주는 것입니다.

한자학습

龍 : 용 룡   師 : 스승 사   火 : 불 화   帝 : 임금 제
鳥 : 새 조   官 : 벼슬 관   人 : 사람 인   皇 : 임금 황

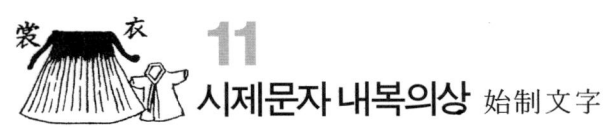

11 시제문자 내복의상 始制文字 乃服衣裳

비로소 글자를 만들어 썼고,
옷을 만들어 입게 되었다.

아득한 옛날에는 문자가 없어서 사람들의 뜻을 기록할 수가 없었는데, 확실하지는 않지만 복희씨가 한자를 만들어서 모든 것을 기록할 수 있게 되었다고 전합니다. 이것은 오늘날의 한자와 똑같지는 않았지만, 문자의 원리와 원칙, 그리고 뜻은 같은 것으로 볼 수 있습니다.

한편 옛날 사람들은 짐승의 가죽으로 옷을 대신해 오다가, 호조라는 사람이 비로소 사람들에게 옷을 만들어 입는 방법을 가르쳤다고 합니다. 앞에서 나라의 정치를 하는 데 필요한 제도를 설명했고, 여기서는 사람들의 생활에 필요한 것을 설명하고 있습니다.

한자학습

始 : 비로소 시	制 : 지을 제	文 : 글월 문	字 : 글자 자
乃 : 이에 내	服 : 입을 복	衣 : 옷 의	裳 : 치마 상

12 추위양국 유우도당 推位讓國 有虞陶唐

> 단주는 임금 자리를 사양하고,
> 순은 우에게 나라를 넘겨 주다.

고대 중국의 요임금은 순에게, 다시 순임금은 우에게 나라를 넘겨 주었습니다.

우는 원래 땅 이름이었으나 순이 우를 자기의 성으로 삼았다가 뒤에 나라 이름으로 정하였습니다. 요임금을 도당이라고도 하는데 결국 이 시는 임금의 자리는 현명하고 능력 있는 사람에게 넘겨 주어야 한다는 것을 보여 주고 있습니다. 요임금은 아들 단주가 변변치 못하였으므로 덕이 있고 현명한 순에게, 또한 순임금 역시 아들 상균이 변변치 못하여 신하인 우에게 자리를 물려 주었습니다. 이 시는 평화스럽고 번영했던 옛날 중국을 요순의 시대라고 설명하고 있습니다.

한자학습

推 : 밀 추　　位 : 자리 위　　讓 : 사양할 양　　國 : 나라 국
有 : 있을 유　　虞 : 나라 우　　陶 : 질그릇 도　　唐 : 당나라 당

13 조민벌죄 주발은탕 弔民伐罪 周發殷湯

> 백성을 사랑하고 죄는 물리친다.
> 주나라 무왕과 은나라 탕왕이 이를 잘 했다.

비록 임금이라 할지라도 죄를 저지르면 용서받지 못합니다. 하나라의 걸왕과 은나라의 주왕은 잔인하고 포악하여 백성을 많이 괴롭혔습니다.

이것을 보다 못한 신하인 이는 걸왕을 몰아내고, 발은 주왕을 몰아내어 각각 은나라 탕왕과 주나라의 무왕이 되었다는 역사를 설명한 것입니다. 이것은 앞에서 말한, 임금이란 덕이 있고 능력이 있어야 하는데 그렇지 않을 경우 어떻게 되는지를 일깨워 주는 시라고 할 수 있습니다.

한자학습

弔 : 위문할 **조** 民 : 백성 **민** 伐 : 칠 **벌** 罪 : 허물 **죄**
周 : 주나라 **주** 發 : 필 **발** 殷 : 나라 **은** 湯 : 끓을 **탕**

14 좌조문도 수공평장 坐朝問道 垂拱平章

> 백성을 다스리는 방도를 묻는다.
> 평화를 누릴 때에는 편하게 있어도 잘 된다.

   훌륭한 임금은 나라를 다스리는 데 있어 대체로 어진 신하들에게 여러 가지를 물어서 좋은 방법에 따라 조심스럽게 처리합니다. 그리고 대개 이른 아침에 임금과 신하가 모여 의논합니다.

   덕이 있고 능력이 있는 임금과 어진 신하가 세상일을 의논하여 잘 다스리면 팔짱을 끼고 편안하게 앉아 있어도 정치가 잘 된다는 뜻입니다. 이것은 백성을 다스리는 원칙을 도덕에 두고, 그것을 실천하는 데는 신중을 기해야 한다는 것을 교훈으로 남기고자 한 시라 하겠습니다.

한자학습

坐 : 앉을 **좌**　　朝 : 아침 **조**　　問 : 물을 **문**　　道 : 길 **도**
垂 : 드리울 **수**　　拱 : 팔짱낄 **공**　　平 : 평할 **평**　　章 : 글월 **장**

15 애육려수 신복융강 愛育黎首 臣伏戎羌

> 백성을 사랑으로 다스린다.
> 그러면 다른 나라 백성도 따른다.

현명한 임금이 어진 정치를 할 때는 한 나라의 백성뿐만 아니라, 이웃 나라의 백성까지도 그 임금의 덕망을 우러러보고 따르려 합니다. 이웃 나라의 임금은 백성 사랑하기를 제 몸같이 하는데 자기 나라의 임금은 그렇지 못한 경우, 차라리 어진 임금이 다스리는 나라에 가서 사는 게 낫겠다는 생각으로 우왕좌왕하는 백성이 고대 중국에는 흔히 있었다고 합니다.

이 시는 그때의 사정을 설명한 것인데, 모름지기 임금은 백성을 자기 자식과 같이 아끼고 사랑으로 다스려야 한다는 임금의 도리를 표현한 것입니다.

한자학습

愛 : 사랑 애   育 : 기를 육   黎 : 검을 려   首 : 머리 수
臣 : 신하 신   伏 : 엎드릴 복   戎 : 오랑캐 융   羌 : 되 강

16 하이일체 솔빈귀왕 遐邇壹體 率賓歸王

서로 다른 민족이 하나 되어,
손잡고 이끌며 임금의 덕망에 복종한다.

이것은 앞에서의 내용을 다시 구체적으로 설명한 것입니다. 임금이 나라를 다스린다는 것은, 그 나라의 백성을 마치 자기의 친자식과 같이 생각하고 사랑으로 보살핀다는 뜻입니다. 이 같은 선한 임금이 다스리는 나라라면, 그 나라뿐만 아니라 다른 나라 백성도 감탄해서 앞을 다투어 모여듭니다. 한편 어진 임금은 이렇게 모여든 백성을 자기 나라의 백성과 조금도 다름없이 사랑하고 보살펴서 백성이 더욱 잘 살게 되므로, 이런 소문은 더 많은 사람들을 그 임금에게로 몰려들게 하는 것입니다.

한자학습

遐 : 멀 하　　邇 : 가까울 이　　壹 : 한 일　　體 : 몸 체
率 : 거느릴 솔　　賓 : 손 빈　　歸 : 돌아갈 귀　　王 : 임금 왕

17
명봉재수 백구식장 鳴鳳在樹 白駒食場

> 봉황은 오동나무 위에서 울고,
> 망아지는 마당에서 풀을 먹는다.

　예로부터 봉황이라는 새는 상서롭고도 고상해서 대나무 열매가 아니면 먹지 않았고, 오동나무와 같이 깨끗한 나무가 아니면 발도 붙이려 하지 않았다는 말이 있습니다. 그만큼 봉황은 고귀한 새라는 뜻일 것입니다. 또 봉황은 평화를 상징하기도 합니다.
　따라서 세상이 태평하고 백성이 편안하게 잘 살면 짐승인 봉황조차도 오동나무 위에서 노래를 부르는가 하면, 땅 위에서는 흰 망아지가 태평스럽게 먹이를 먹는다고 하였습니다. 세상이 평화스럽고 백성이 걱정 없이 잘 살고 있음을 동물에 견주어서 노래한 시라 할 수 있습니다.

한자학습

鳴 : 울 명　　鳳 : 새 봉　　在 : 있을 재　　樹 : 나무 수
白 : 흰 백　　駒 : 망아지 구　　食 : 밥 식　　場 : 마당 장

18 화피초목 뇌급만방 化被草木 賴及萬方

> 임금의 덕은 풀이나 나무에 미치고,
> 그 힘은 백성뿐 아니라 천하를 뒤덮는다.

어진 임금이 있어 밝은 정치를 하면 백성뿐만 아니라 하늘을 나는 새들이나 땅 위에 있는 풀 한 포기에 이르기까지 모두 임금의 덕으로 감화됩니다. 이런 날짐승이나 길짐승, 그리고 식물 하나하나가 모두 백성의 살림을 풍요롭게 해주는 것입니다.

중국 청나라의 손겸익은 이 천자문을 해설함에 있어 여기까지를 하나로 묶어 하늘과 땅과 사람 사이의 도리로 풀이하였습니다. 여기까지는, 과연 우리가 어떻게 살아야 하는지에 대한 내용으로 되어 있습니다.

한자학습

化 : 될 화
被 : 입을 피
草 : 풀 초
木 : 나무 목
賴 : 힘입을 뢰
及 : 미칠 급
萬 : 일만 만
方 : 모 방

19 개차신발 사대오상 蓋此身髮 四大五常

인간을 덮고 있는 것은 땅·물·불·바람 등 4대와,
인·의·예·지·신 등 5상이다.

사람의 몸은 땅〔地〕, 물〔水〕, 불〔火〕, 바람〔風〕의 네 가지 기운으로 이루어졌다는 말이 있습니다.

따라서 사람이 죽으면 각기 근본으로 되돌아간다고 합니다.

이것은 불교에서 말하는 것인데, 유교에서는 사람이 갖춰야 할 것으로 인(仁), 의(義), 예(禮), 지(智), 신(信)을 들고 있습니다.

그러므로 모든 사람들은 마땅히 이 다섯 가지를 갖춰야 하지만, 특히 임금은 이를 남달리 닦아야 한다고 했습니다. 이것은 사람의 덕성이요 마음가짐이며, 곧 행동으로 나타나야 합니다.

사람 몸이 이렇듯 여러 가지 요소로 이루어졌다는 것을 깨닫고, 어떻게 살아야 할 것인지를 바로 알아야 한다는 교훈입니다.

한자학습

蓋 : 덮을 **개**   此 : 이 **차**   身 : 몸 **신**   髮 : 머리카락 **발**
四 : 넉 **사**   大 : 큰 **대**   五 : 다섯 **오**   常 : 떳떳할 **상**

鳴鳳在竹　白駒食場
化被草木　賴及萬方
蓋此身髮　四大五常
恭惟鞠養　豈敢毀傷

也 按我 朝德迓邇殊方異域 重譯來朝乾隆以前西使人覲猶行拜跪之儀嘉道以後始改從西禮免冠示敬亦從宜從俗之道也

孔演圖云鳳非竹實不食詩小雅云皎皎白駒食我場苗此極言有道之君仁德及物如鳳如駒蕃待其所至於草木亦皆被化而利賴萬方無一物不蒙其澤也

此下言學者修身之事四大地水火風也圓覺經云此身四大和合五常仁義禮智也孝經云身體髮膚受之

20 공유국양 기감훼상 恭惟鞠養 豈敢毀傷

> 나를 길러 준 부모의 은공을 생각하고,
> 이 몸을 소중하게 지켜 나가야 한다.

중국에는 효도를 가르치는《효경》이라는 책이 있는데, 거기에는 우리의 몸가짐을 대해서 다음과 같이 적고 있습니다. 사람의 몸과 털 등 모든 부분은 부모로부터 받은 것이므로, 이것을 감히 더럽히거나 상처를 내는 것은 부모에게 불효를 저지르는 것이 됩니다. 다시 말해 우리 몸은 우리의 것이 아니라 곧 부모가 맡겨 둔 것이므로, 언제나 소중히 하는 것이 효도의 시작이라는 것입니다.

우리는 이와 같은 마음가짐으로 언제나 자신의 몸을 깨끗하고 단정히 하여 살아간다면 부모에게 걱정을 끼치는 일도 없고 자신에게도 이로우며 저절로 효도가 될 것입니다.

한자학습

恭 : 공손할 **공**   惟 : 생각할 **유**   鞠 : 기를 **국**   養 : 기를 **양**
豈 : 어찌 **기**   敢 : 감히 **감**   毀 : 헐 **훼**   傷 : 상할 **상**

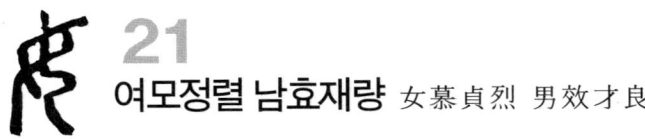

21 여모정렬 남효재량 女慕貞烈 男效才良

여자는 곧은 절개를 사모하고,
남자는 어질고 재능이 있어야 한다.

사람이 세상을 살아가는 데 있어 지켜야 할 도리가 남자와 여자가 각기 다르다는 것을 말하고 있습니다.

우선 남자에게는 재능이 있어서 어떤 일이든지 감당할 수 있는 동시에 어질고도 착한 성품을 갖추는 것이 필요하다면, 여자에게는 바르고 곧은 절개가 있어 한평생을 깨끗하게 살아가는 데 힘써야 할 것입니다. 남자와 여자가 지켜야 할 것은 비단 여기서 말하는 곧은 절개나 착한 성품, 재능만이 아니라 이 밖에도 여러 가지가 있을 것입니다. 여기서는 그 여러 가지 중에서도 특별히 누구에게나 기본적으로 필요한 것만을 강조했습니다.

한자학습

女 : 계집 녀   慕 : 사모할 모   貞 : 곧을 정   烈 : 매울 렬
男 : 사내 남   效 : 본받을 효   才 : 재주 재   良 : 어질 량

22 지과필개 득능막망 知過必改 得能莫忘

나의 잘못을 알면 반드시 고치고,
해야 할 일이 잡혔으면 실행해야 한다.

내가 하는 일에 잘못이 있다고 생각되면 반드시 그것을 바로 잡아 바르게 행해야 합니다. 사람이 덕을 닦는다는 것은 자기의 잘못을 고치고 착한 일을 바로 알고 실행하는 것을 가리킵니다. 아무리 조그만 일일지라도 그것이 바른 일이 아니면 하지 말아야 합니다.

일찍이 중국의 자하는,

"날마다 알지 못하는 것을 익히고 또한 달마다 자기가 잘 하는 일을 잊지 않도록 노력한다면 참으로 학문을 좋아하는 사람이라고 할 수 있다."

라고 하였습니다. 우리는 허물을 고치는 데 주저하지 말고, 좋은 일을 하는 데 인색하지 말아야겠습니다.

한자학습

知 : 알 **지**   過 : 허물 **과**   必 : 반드시 **필**   改 : 고칠 **개**
得 : 얻을 **득**   能 : 능할 **능**   莫 : 말 **막**   忘 : 잊을 **망**

23 망담피단 미시기장 罔談彼短 靡恃己長

남의 허물을 말하지 말고,
자신의 장점을 믿지 말라.

우리나라 속담에 '제 흉은 선반 위에 올려놓고 남의 흉은 잘 본다'라는 말이 있습니다.

그러나 다른 사람의 잘못을 여러 사람에게 말하고 다니는 사람 중에 제 허물이 없는 사람은 드물다고 합니다. 이와 반대로 남의 허물을 덮어 주는 사람에게서는 그 사람의 허물을 찾아보기가 어렵다고 합니다. 여기서는 사람을 대함에 있어 항상 자기를 낮추고 겸손하게 할 것을 가르치고 있습니다. 설사 자신에게 남이 흉내 낼 수 없는 훌륭한 점이 있다고 하더라도 그것을 너무 내세우지 말고 오히려 감추는 것이 미덕이라는 말입니다.

한자학습

罔 : 속일 **망**   談 : 말씀 **담**   彼 : 저 **피**   短 : 짧을 **단**
靡 : 아닐 **미**   恃 : 믿을 **시**   己 : 몸 **기**   長 : 긴 **장**

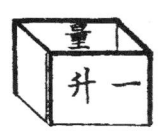

24 신사가복 기욕난량 信使可覆 器欲難量

믿음이 있는 일은 되풀이하고,
사람의 기량은 남이 알 수 없게 커야 한다.

원래 한자의 믿을 신(信)은 사람의 말이라는 뜻입니다. 사람의 말은 진실되고 거짓이 없어 믿을 수 있어야 한다는 뜻입니다. 덮을 복(覆)은 되풀이한다는 뜻으로 여기서는 사람들의 재능은 남이 쉽게 알 수 없을 정도로 크고 넓어야 한다는 것을 나타내고 있습니다.

훌륭한 사람으로 인정을 받으려면, 적어도 믿음직스러운 행동을 되풀이하면서도 늘 여유를 가지고 남들이 쉽사리 자기의 재능을 헤아려 볼 수 없도록 몸가짐을 조심해야 한다는 것입니다. 남을 속이는 일은 어떤 경우에도 용서될 수 없는 일입니다.

한자학습

信 : 믿을 **신**   **使** : 하여금 **사**   **可** : 옳을 **가**   **覆** : 덮을 **복**
器 : 그릇 **기**   **欲** : 바랄 **욕**   **難** : 어려울 **난**   **量** : 헤아릴 **량**

25 묵비사염 시찬고양 墨悲絲染 詩讚羔羊

묵적은 흰 실을 물들이는 것을 슬퍼했고,
《시경》을 고양편을 찬미했다.

묵적은 중국 사람의 이름이요, 《시경》은 중국의 고전입니다. 그리고 '고양' 이란 어린양을 뜻하지만, 여기서는 《시경》 속의 한 편의 글을 말합니다. 목적은 예전에,

"이 흰 실을 푸르게 물들이면 푸르게 되고, 노랗게 물들이면 노랗게 된다. 마찬가지로 사람도 착하게 물들이면 착하게 되고, 악하게 물들이면 악하게 된다."

라고 한탄하면서 사람은 악하게 물들지 않도록 경계해야 한다고 하였습니다.

한편 《시경》에서는 임금의 덕에 감화되어 훌륭한 사람이 된 것을 칭찬하고 있습니다.

한자학습

墨 : 먹 묵   悲 : 슬퍼할 비   絲 : 실 사   染 : 물들일 염
詩 : 글 시   讚 : 기릴 찬   羔 : 양새끼 고   羊 : 양 양

26 경행유현 극념작성 景行維賢 克念作聖

행실이 어진 사람이 훌륭한 사람이요,
도의를 생각하며 행동하면 성인도 될 수 있다.

여기서는 어진 사람과 성인이 되는 길을 가르치고 있습니다. 물론 어진 사람이나 성인은 아무나 되는 것이 아니지만, 그렇다고 노력해도 안 되는 일은 아닙니다.

이 글에 나타난 크고 작은 행동을 몸소 실행하는 사람은 확실히 남다른 사람입니다.

이 같은 훌륭한 사람들 가운데서도 늘 도의를 생각하면서 덕행을 쌓는 사람은 한층 더 훌륭하다고 할 수 있습니다. 이런 사람이 되기 위해서 우리는 항상 자신을 이기는 어려움을 겪어야 한다는 것을 알고 이를 극복해야 합니다.

한자학습

景 : 빛 경 　行 : 다닐 행 　維 : 얽을 유 　賢 : 어질 현
克 : 이길 극 　念 : 생각 념 　作 : 지을 작 　聖 : 성인 성

천자문 41

27 덕건명립 형단표정 德建名立 形端表正

> 덕을 쌓으면 이름이 좋게 나타난다.
> 이는 마치 모습이 바른 그림자와 같다.

착한 일, 거룩한 일을 함으로써 남들에게 이것이 알려지면 자연히 이름 좋게 전해지게 마련입니다.

이것은 어떤 물체가 있으면 반드시 그 모습대로 그림자가 있는 것과 같은 이치입니다. 이는 정치에도 그대로 적용되는 말인데 공자는,

"대체로 윗자리에 있는 사람은 백성의 모범이 되어야 한다. 임금이 먼저 나라를 어질게 다스리면, 백성은 너나 할 것 없이 어진 임금의 뒤를 따라서 착하고 충성스러운 백성이 될 것이다."
라고 하였습니다.

우리 모두 인생을 살아갈 때 삼가고 조심하여 좋은 이름을 남겨야겠습니다.

한자학습

德 : 복 **덕**   建 : 세울 **건**   名 : 이름 **명**   立 : 설 **립**
形 : 형상 **형** 端 : 바를 **단**   表 : 나타낼 **표** 正 : 바를 **정**

二年之別千里結言爾何相信之審耶扐曰巨卿信士
也必不乘違乃治酒以俟至其日果到同時郭稼宗
稱黃叔度汪汪若千頃波澄之不清清之不濁殊不
量也

墨悲絲染　詩讚羔羊

墨翟見染絲者而泣曰染於蒼則蒼染於黃則黃不
不慎也詩召南羔羊之皮素絲五紽此言修身者必純
一兩不雜故受染於蒼黃則可悲如羔羊之素絲則可
染耳

景行維賢　克念作聖
德建名立　形端表正

詩小雅云景行行止言此賢人當景仰而效法其行事
也書多方云惟狂克念作聖言人能以五常之道思
也

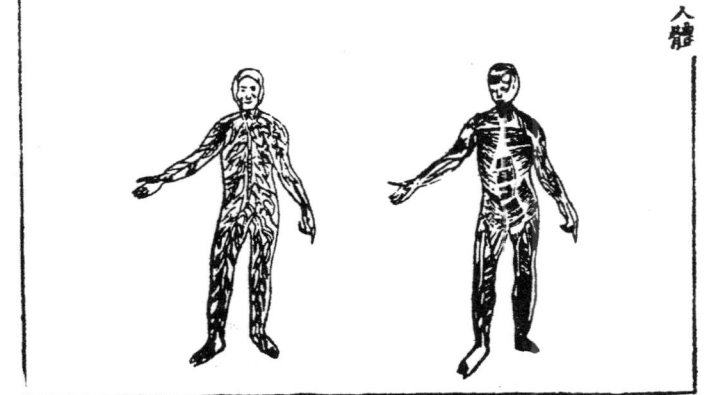

人體

28 공곡전성 허당습청 空谷傳聲 虛堂習聽

어진 사람의 말은 산울림처럼 번지고,
그렇지 못한 사람의 말도 번지기 쉽다.

덕망이 있고 어질어 남의 모범이 되는 사람의 말 한마디는 그대로 다른 사람들에게 크게 영향을 미쳐 널리 번지게 됩니

44

다. 이것은 마치 깊은 산골짜기에서 산울림을 듣는 것과 같은 것입니다.

그러나 아무리 하찮은 사람일지라도 함부로 말을 해서는 안 됩니다. '낮말은 새가 듣고 밤말은 쥐가 듣는다' 라는 속담과 같이, 말이란 한 번 밖으로 새면 좋게든 나쁘게든 번지게 마련입니다.

우리가 존경하는 훌륭한 사람의 말은 우리 사회에 유익함을 주지만, 나쁜 말이 번지면 그것이 사회에 좋지 못한 작용을 하므로 삼가야 한다는 가르침입니다.

한자학습

空 : 빌 공　　谷 : 골 곡　　傳 : 전할 전　　聲 : 소리 성
虛 : 빌 허　　堂 : 집 당　　習 : 익힐 습　　聽 : 들을 청

29 화인악적 복연선경 禍因惡積 福緣善慶

> 환난은 악함이 쌓여서 생기고,
> 복락은 선행 때문에 얻어진다.

　우리는 악한 일을 하는 사람들을 보고 하늘이 무섭지 않느냐고 합니다. 이런 사람들에게는 하늘이 벌을 내릴 것이라는 생각에서 하는 말입니다. 또한 악한 사람을 보고 벼락을 맞을 것이라고도 합니다. 이런 말들은, 다 악한 사람은 어떤 형태로든 그만한 죄값을 치를 것이라는 생각에서 나온 말들입니다.
　한편 예로부터 하늘은 착한 사람 편이라는 말을 합니다. 그리고 '하늘은 스스로 돕는 자를 돕는다'라는 말은 스스로 노력한 만큼의 대가가 있을 것이라는 말도 되지만, 좋은 일을 하면 언젠가는 복을 받는다는 뜻도 됩니다.

한자학습

禍 : 재앙 **화**　　因 : 인할 **인**　　惡 : 악할 **악**　　積 : 쌓을 **적**
福 : 복 **복**　　　緣 : 인연 **연**　　善 : 착할 **선**　　慶 : 경사 **경**

30 척벽비보 촌음시경 尺璧非寶 寸陰是競

> 큰 옥돌이 보배가 아니요,
> 잠시 동안의 시간이야말로 보배다.

　훌륭한 사람이 되려면 우선 시간을 아껴서 공부하고, 수양을 쌓는 데 게을리해서는 안 된다는 가르침으로, 중국의《회남자》에서 인용한 것입니다.

　해와 달은 돌고 돌아 시간은 계속 흐르고 사람과 같이 있으려 하지 않습니다. 그렇기 때문에 훌륭한 사람은 한 자 길이의 보배는 귀하게 여기지 않아도 한 치의 시간은 매우 소중하게 생각합니다. 시간이란 잃기는 쉬워도 얻기는 어렵기 때문입니다. '시간은 금' 이라는 말이 있듯이, 시간은 화살과도 같아서 한 번 지나가면 다시는 되돌아오지 않는다는 것을 명심해야겠습니다.

한자학습

尺 : 자 **척**　　璧 : 구슬 **벽**　　非 : 아닐 **비**　　寶 : 보배 **보**
寸 : 마디 **촌**　　陰 : 그늘 **음**　　是 : 이 **시**　　競 : 다툴 **경**

31 자부사군 왈엄여경 資父事君 曰嚴與敬

> 아버지 섬기는 마음으로 나라를 섬기되,
> 존경하고 공손하기에 힘써야 한다.

아버지 섬기는 마음으로 임금을 섬기라고 되어 있으나, 옛날에는 임금을 곧 나라로 생각하였으므로 임금을 나라로 풀이하는 것이 마땅할 것입니다.

이 시는 중국의 고전《효경》에서 인용한 것인데, 이 책에는 아버지 섬기던 마음으로 임금을 섬길 것이니, 공경하는 것도 마찬가지라고 하였습니다.

우리는 부모님을 존경하고 받들어야 합니다. 부모님이 없었다면 우리는 이 세상에 태어나지도 않았을 것입니다. 이와 같은 은혜를 잊지 말고 부모님을 섬겨야 한다는 교훈입니다.

한자학습

資 : 재물 자
父 : 아비 부
事 : 일 사
君 : 임금 군
曰 : 가로 왈
嚴 : 엄할 엄
與 : 더불 여
敬 : 공경 경

32 효당갈력 충즉진명 孝當竭力 忠則盡命

> 부모님께 효도하려면 힘을 다하고,
> 나라에 충성하려면 생명을 다해야 한다.

이것은 중국 고전《논어》에서 인용한 것인데 자하는,
"부모님께 효도하고 순종하려면 응당 효양의 힘을 다하고, 임금에게 충성을 하려면 곧 생명이 다하도록 해야 한다."
라고 했습니다. 앞에서는 아버지를 공경하듯이 나라를 섬기라고 했으며, 이 시에서는 어버이를 섬기는 데 힘을 다하고, 나라를 섬기는 데 목숨을 다하라고 했습니다. 여기서 우리는 나라에 대한 충성이 부모에 대한 효도보다 앞서 있다는 것을 알 수 있습니다.

그러나 이것은 나라에 앞서 임금을 더 중요하게 여겼던 때이므로 다시 생각해 보아야 할 것입니다.

한자학습

| 孝 : 효도 효 | 當 : 마땅할 당 | 竭 : 다할 갈 | 力 : 힘 력 |
| 忠 : 충성 충 | 則 : 곧 즉 | 盡 : 다할 진 | 命 : 목숨 명 |

33
임심리박 숙흥온청 臨深履薄 夙興溫凊

얼음 위를 걷듯 부모를 조심해 섬기고,
아침부터 저녁까지 차고 더운 것을 가린다.

　옛날 어른들은 어버이를 섬길 때 조심하기를 마치 깊은 연못 가에 간 것같이 하고, 얇은 얼음을 밟는 것같이 해야 한다고 했습니다. 이것은 어버이가 자식을 생각할 때는, 자식이 60세가 되어도 늘 물가에 내놓은 아이 생각하듯 한다는 것과 좋은 대조를 이룬다고 할 수 있습니다.
　또한 아침 일찍 일어나서 부모에게 문안 인사를 드리는 것을 시작으로 하루 종일 보살펴야 함은 말할 것도 없고, 저녁 잠자리에 들 때도 인사로써 예를 차리는 것이 자식 된 도리라고 생각했던 것입니다.

한자학습

臨 : 임할 **임**　　深 : 깊을 **심**　　履 : 밟을 **리**　　薄 : 엷을 **박**
夙 : 이를 **숙**　　興 : 일 **흥**　　溫 : 더울 **온**　　凊 : 서늘할 **청**

34
사난사형 여송지성 似蘭斯馨 如松之盛

> 효도는 난초같이 향기가 멀리 가고,
> 언제나 시들지 않는 소나무같이 번성한다.

    예로부터 향기가 나는 난초는 세상살이를 남달리 깨끗하게 하는 사람들, 예컨대 벼슬자리를 지나치게 탐내거나 돈벌이에 허둥거리는 사람이 아닌 조용하게 절개를 지키면서 사는 사람들이 즐겨 가꾸었습니다.

    한편 소나무는 사철 푸르게 자라서 꿋꿋한 기상을 나타내는 나무로 알려져 있습니다. 그러므로 이 시는 세상에서 효도로써 이름이 한번 드높아지면, 그 이름은 여러 사람에게 오래도록 좋게 전해져 남들이 본받을 사람으로 추앙된다는 사실을 일깨워 주는 것입니다. 다시 말해 부모에 대한 효도를 권장하는 간절한 시입니다.

한자학습

似 : 같을 **사**	蘭 : 난초 **난**	斯 : 이 **사**	馨 : 향내날 **형**
如 : 같을 **여**	松 : 소나무 **송**	之 : 갈 **지**	盛 : 성할 **성**

35 천류불식 연징취영 川流不息 淵澄取映

> 냇물을 쉬지 않고 흘러가고,
> 연못을 맑아 속이 보이네.

중국의 공자는 일찍이 냇물이 쉬지 않고 흐르는 것을 보고 많은 것을 깨닫는다고 했습니다. 산골짜기에서 조그만 물방울이 작은 물줄기를 이루고, 이것이 모여서 냇물이 되고, 다시 큰 강물이 되었다가 바다로 흘러갑니다.

사람도 덕을 쌓는 데 있어서 이렇게 조그만 일에서부터 시작하여 꾸준하게 노력한다면 능히 훌륭한 사람이 될 수 있습니다.

사람이 덕을 쌓아서 훌륭한 인격을 갖추게 되면 잔잔한 맑은 연못이 물체를 비춰 보이듯, 무엇이 옳고 그른 것인지를 환하게 알아차릴 수 있다는 뜻의 시입니다.

한자학습

川 : 내 **천**　　流 : 흐를 **류**　　不 : 아닐 **불**　　息 : 쉴 **식**
淵 : 못 **연**　　澄 : 맑을 **징**　　取 : 취할 **취**　　映 : 비칠 **영**

36
용지약사 언사안정 容止若思 言辭安定

사람을 행함에 잘못이 없도록 조심하고,
말할 때는 조용하고 신중해야 한다.

우리의 몸가짐에 대하여 중국 고전《예기》에 있는 내용을 요약한 것입니다.《효경》에는 몸가짐을 조심하고 모든 일을 법도에 맞게 해야 한다고 했으며, 한 걸음 더 나아가 백성을 편하게 다스리는 방법으로,《예기》는 항상 행동을 조심하고 말을 조용히 하면서도 정중하게 해야 한다고 자세하게 설명하고 있습니다. 이에 따라서 모든 선비들은 덕을 쌓는 데 있어 이와 같이 삼가고 조심함이 있어야 한다고 가르쳤습니다.

말 한마디가 얼마나 무서운 결과를 불러일으키는지를 생각하면 이 교훈의 참뜻을 알 수 있을 것입니다.

한자학습

容 : 얼굴 용   止 : 그칠 지   若 : 같을 약   思 : 생각 사
言 : 말씀 언   辭 : 말씀 사   安 : 편안 안   定 : 정할 정

37 독초성미 신종의령 篤初誠美 愼終宜令

시작을 아름답게 하는 것도 좋지만, 좋은 결과를 맺는 것은 더욱 좋은 일이다.

　사람은 어떤 일을 하든지 처음부터 끝까지 정성을 다하여 완성해야 합니다. 흔히 처음에는 정열과 성의를 다해서 시작하나 도중에 흐지부지해 버리는 수가 많습니다. 이것은 시작을 하지 않은 것만 못한 일입니다.

　비록 처음 일을 시작했을 때와 사정이 달라졌다고 하더라도 한번 그 일을 하기로 결정했다면 끝까지 완성하는 사람이 훌륭한 사람이라 할 수 있습니다. 우리 속담에 '시작이 반'이라는 말이 있듯이 무슨 일이든 시작이 있으면 끝이 있는 법입니다. 그러므로 처음의 결심을 그대로 밀고 나가는 습관을 길러야겠습니다.

한자학습

篤 : 두터울 독　　初 : 처음 초　　誠 : 정성 성　　美 : 아름다울 미
愼 : 삼갈 신　　終 : 마칠 종　　宜 : 마땅 의　　令 : 하여금 령

38

영업소기 적심무경 榮業所基 籍甚無竟

성공하려면 그만한 바탕이 있어야 하고,
그 이름이 널리 좋게 알려져야 한다.

영광스러운 명예나 남이 부러워할 정도의 높은 벼슬자리는 그냥 얻어지는 것이 아니라, 오랫동안 공부와 수양에 힘쓴 뒤에야 얻어지는 것임을 설명하고 있습니다.

그러므로 우리는 높은 자리에 있는 사람은 그만한 자리에 있을 만한 됨됨이와 능력이 있다는 것을 알아야 할 것입니다. 만약 그렇지 못한 사람이 그 자리를 차지하고 있다면, 그것은 일시적인 착오로 머지않아 물러나게 될 것입니다. 좋게 평판이 난 사람만이 오래도록 영화를 누릴 수 있다는 교훈입니다.

한자학습

榮 : 영화 **영**   業 : 업 **업**   所 : 바 **소**   基 : 터 **기**
籍 : 문서 **적** 甚 : 심할 **심** 無 : 없을 **무** 竟 : 마칠 **경**

천자문 55

39 학우등사 섭직종정 學優登仕 攝職從政

> 학문이 뛰어나면 벼슬길에 오르라.
> 그러면 나라일을 해도 감당할 수 있다.

앞의 네 자는 《논어》에 나오는 말입니다. 자하는,
"열심히 배워서 아는 것이 넉넉하면 벼슬길에 들어설 수가 있다."
라고 하였습니다.

그러나 아는 것만으로 벼슬길에 오르는 것은 위험한 일입니다. 사람은 아는 것 못지 않게 착한 성품을 기르는 것이 필요합니다. 사람의 성품이 좋지 못하면 아는 것을 잘못 활용할 수가 있기 때문입니다.

학문에 힘쓴 뒤에 좋은 성품을 길러 벼슬길에 들어선다면 아는 것을 잘 활용하여 큰 정치를 펼 수가 있을 것입니다.

한자학습

學 : 배울 학   優 : 뛰어날 우   登 : 오를 등   仕 : 벼슬 사
攝 : 잡을 섭   職 : 벼슬 직   從 : 좇을 종   政 : 정사 정

40 존이감당 거이익영 存以甘棠 去而益詠

> 살아서 백성을 잘 다스린 사람은,
> 죽어서도 그 이름이 노래로 전해진다.

'감당'이란 옛날 중국의 마을 이름입니다. 주나라 때 어느 벼슬아치가 이 마을에 이르러서는 그곳 백성에게 피해를 주지 않기 위하여 감당나무 아래에서 밤잠을 자며 백성의 소원을 들어 주었다고 합니다.

이런 일이 있은 후 그가 떠나자, 그곳 백성은 그를 추모하는 뜻으로 감당나무를 잘 보존하면서 시를 지어 읊었다고 합니다. 이것이 세상에 널리 알려져서 벼슬길에 들어선 사람들은 모름지기 백성의 아픔을 자신의 아픔으로 알고 그 일을 해결하는 데 온갖 힘을 기울여야 한다는 가르침으로 남게 되었습니다.

한자학습

存 : 있을 존　　以 : 써 이　　甘 : 달 감　　棠 : 아가위 당
去 : 갈 거　　而 : 말이을 이　　益 : 더할 익　　詠 : 읊을 영

41 악수귀천 예별존비 樂殊貴賤 禮別尊卑

음악은 사람의 신분에 따라 다르고,
예절은 사람의 귀천에 따라 구별된다.

여기서부터는 오륜이라 하여 사람이 지켜야 할 다섯 가지 일, 즉 부모와 자녀, 임금과 백성, 남편과 아내, 어른과 젊은이, 친구와 친구 사이에 관한 내용으로 이어집니다.

옛날에는 신분의 차별이 심했기 때문에 아무리 뛰어난 능력이 있는 사람도 벼슬자리에 오를 수 없는 경우가 많았습니다. 그러나 오늘날 이러한 좋지 못한 제도가 없어진 것은 다행한 일이라고 할 수 있습니다.

하지만 이를 달리 생각하면 모든 일을 자기의 분수에 맞게 처리해야 한다는 교훈으로 받아들일 수도 있습니다.

한자학습

樂 : 풍류 **악**　　殊 : 다를 **수**　　貴 : 귀할 **귀**　　賤 : 천할 **천**
禮 : 예도 **례**　　別 : 다를 **별**　　尊 : 높을 **존**　　卑 : 낮을 **비**

42
상화하목 부창부수 上和下睦 夫唱婦隨

> 윗사람이 온순하면 아랫사람이 공손하고,
> 남편이 말하면 아내는 이를 따른다.

 윗사람과 아랫사람은 각기 지켜야 할 예절이 있습니다. 윗사람은 아랫사람을 늘 인자하고 유순하게 대해야 하는데, 만약 그렇지 않고 너무 무섭게 대한다든가 화를 낸다면, 아랫사람은 이런 윗사람을 존경하지 않을 뿐만 아니라 만나기조차 꺼려할 것입니다. 반대로 아랫사람은 윗사람을 깍듯이 받들어야 할 것입니다.

 이것은 남편과 아내 사이에서도 마찬가지입니다. 다만 옛날에는 '남편은 하늘이요, 아내는 땅' 이라는 생각을 갖고 있어 남편이 지나치게 우월한 대우를 받았다고 합니다.

한자학습

上 : 위 **상**   和 : 화할 **화**   下 : 아래 **하**   睦 : 화목할 **목**
夫 : 지아비 **부**   唱 : 부를 **창**   婦 : 아내 **부**   隨 : 따를 **수**

43 외수부훈 입봉모의 外受傅訓 入奉母儀

> 밖에서는 스승의 가르침을 받고,
> 집에서는 어머니의 몸가짐을 본받는다.

    옛날에는 교육받는 방법도 남자와 여자가 서로 달랐습니다. 남자는 밖으로 나다니는 것이 자유로웠으나, 여자는 특별한 일이 없고서는 용납되지 않았습니다. 따라서 남자들은 밖으로 나다니면서 좋은 스승을 찾아 공부할 수가 있었지만, 여자들은 대부분 집 안에서 어버이, 특히 어머니로부터 배우는 일이 많았습니다.
    이 시에 있는, 밖에서 스승의 가르침을 받는다는 것은 대개 남자들을, 집에서 어머니의 몸가짐을 본받는다는 것은 여자들을 두고 하는 말입니다.

한자학습

外 : 바깥 **외**　　受 : 받을 **수**　　傅 : 스승 **부**　　訓 : 가르칠 **훈**
入 : 들 **입**　　奉 : 받들 **봉**　　母 : 어미 **모**　　儀 : 거동 **의**

44 제고백숙 유자비아 諸姑伯叔 猶子比兒

아버지의 형제 자매를 존경하고,
형제의 아이들을 자식같이 사랑한다.

    여기서는 친척과의 화목에 대하여 설명하고 있습니다. 나를 낳아 주신 부모에게는 형제가 있는데, 우리는 아버지의 형제나 어머니의 형제도 부모를 대하듯 존경해야 합니다. 한편, 나의 아들과 딸이 있듯이 나의 형제에게도 아들딸이 있습니다. 그들 또한 나의 아들딸이나 다름없이 사랑해야 합니다.

    이렇듯 나의 아버지 형제와 나의 형제의 아들딸들을 한 집안으로 보고, 서로를 존경하며 사랑해야 화목하고 단란한 참다운 일가 친척이 될 수 있다는 것을 말해 주고 있습니다.

한자학습

| 諸 : 모두 **제** | 姑 : 할미 **고** | 伯 : 백부 **백** | 叔 : 아재비 **숙** |
| 猶 : 오히려 **유** | 子 : 아들 **자** | 比 : 견줄 **비** | 兒 : 아이 **아** |

45
공회형제 동기연지 孔懷兄弟 同氣連枝

> 가장 가까운 사이는 형제간이다.
> 이는 한 나무의 가지와 같기 때문이다.

중국에 《문선》이라는 글모음집이 있는데, 그 중 '소무'에 다음과 같은 시가 들어 있습니다.

뼈와 살은 가지와 잎새를 연했으니
사귐을 맺는 것도 역시 인연일세
온 세상 사람 모두가 형제간인데
누가 따로 길 가는 사람일까
더구나 나와는 나무로 이어진 가지
그대와 꼭 같은 몸일세.

여기서 뼈와 살이란 형제를 뜻합니다. 형제는 서로 나누어질 수 없는 한 핏줄이기 때문에 떨어질 수 없는 한 몸이므로 사랑하기를 제 몸같이 해야 한다는 교훈입니다.

한자학습

孔 : 구멍 공   懷 : 품을 회   兄 : 맏 형   弟 : 아우 제
同 : 한가지 동   氣 : 기운 기   連 : 연할 련   枝 : 가지 지

孔懷兄弟　同氣連枝

此言兄弟之倫言兄弟當各存友愛蓋形雖分而同受父母之氣猶木有歧枝而合於一本也　按後漢姜肱兄弟友愛常作大被共寢而頗不忍暫離晉王覽兄弟友愛母屢以非禮使祥賢輒與俱見母撻祥則抱母而泣此兄弟友愛可為效法者也魏文帝嘗與其弟植六相得屢過迫之植賦詩曰煮豆燃萁豆在釜中泣本是同根生相煎何太急太后為請乃得免

交友投分　切磨箴規

此言朋友之倫言朋友之合以情相託平日為學則切磋琢磨相勉以求其精至於有過則諷論規勉相救以正其失也　按朋友之道有隱受其益者有明受其益者所謂友直則聞其過是也而善良是也有明受其益者所謂薰其德

西洋樓

46
교우투분 절마잠규 交友投分 切磨箴規

> 벗을 사귈 때는 따뜻한 애정으로 하고,
> 서로 글공부와 몸닦기를 격려한다.

한 번 친구로 사귀기로 정했으면 끝까지 다정하게, 그러면서도 서로 뜻이 통할 수 있도록 노력해야 합니다. 뿐만 아니라 장차 훌륭한 사람이 될 수 있도록 때로는 듣기 싫은 충고도 서슴지 말아야 합니다. 이렇게 서로를 격려하고 훈계하여 친구가 훌륭한 사람이 되면, 비록 자신은 그렇게까지 성공하지 못했더라도 친구의 성공을 나의 성공같이 기뻐해 줄 수 있어야 합니다.

여기서는 친구 사이에 지켜야 할 도리에 대하여 설명하고 있는데, 이를 잘 지킬 수 있다면 친구 사이의 모든 일이 원만하게 이루어질 것입니다.

한자학습

交 : 사귈 교	友 : 벗 우	投 : 던질 투	分 : 나눌 분
切 : 간절할 절	磨 : 갈 마	箴 : 경계할 잠	規 : 법 규

47 인자은측 조차불리 仁慈隱惻 造次弗離

> 남을 사랑하고 아끼는 마음을
> 잠시라도 잊어서는 안 된다.

　누구에게나 어질고, 착하고, 남을 사랑하고 불쌍히 여기는 마음을 지니고 있습니다. 그러나 이러한 선한 마음씨가 잠시라도 우리 마음속에서 벗어나게 되면 좋지 못한 행동으로 번질 염려가 있습니다. 그러므로 우리는 고운 마음씨를 항상 그대로 간직하며, 아름답고 보람 있는 일을 하도록 노력해야 할 것입니다. 불쌍한 사람을 보고 측은하게 생각하는 마음, 이것이 바로 어진 마음이라고 합니다.
　이 시는 남을 돕고 산다는 것이 얼마나 고귀한 일인지를 일깨워 주고 있습니다.

한자학습

仁 : 어질 **인**　　慈 : 사랑할 **자**　　隱 : 숨을 **은**　　惻 : 슬퍼할 **측**
造 : 지을 **조**　　次 : 버금 **차**　　弗 : 말 **불**　　離 : 떠날 **리**

천자문 65

48
절의염퇴 전패비휴 節義廉退 顚沛匪虧

옳은 일을 위해서 지조를 지켜라.
잠시라도 이를 소홀히 해서는 안 된다.

仁慈隱惻 造次弗離
節義廉退 顚沛匪虧
性靜情逸 心動神疲
守眞志滿 逐物意移
堅持雅操 好爵自縻

《논어》를 보면,

"어진 사람은 밥 한 그릇을 먹는 동안이라도 어진 마음을 어기는 생각을 해서는 안 된다."
라는 말이 있습니다.

그리고 이어서 사람의 어진 마음은 비록 몸이 자빠지고 엎어지더라도 반듯하게 지켜야 할 것이라고 했습니다.

우리는 세상을 바르게 사는 것이 어떤 것인지를 바로 알고, 그대로 실천하도록 노력해야 합니다. 그런데 흔히 입으로는 그렇게 말하면서도 행동은 그렇지 못한 사람들이 간혹 있습니다.

이는 그만큼 수양이 되어 있지 않기 때문입니다.

한자학습

節 : 마디 **절**　　義 : 옳을 **의**　　廉 : 청렴할 **렴**　　退 : 물러날 **퇴**
顚 : 뒤집힐 **전**　　沛 : 자빠질 **패**　　匪 : 아닐 **비**　　虧 : 이지러질 **휴**

49 성정정일 심동신피 性靜情逸 心動神疲

> 사람은 본성이 안정되면 정신도 편안해지고,
> 마음이 불안정해면 정신도 고달파진다.

    사람은 흥분하거나 슬픈 일이 있거나 화가 나면 그것은 분명 마음의 변화인데도 불구하고 얼굴에 표정으로 나타납니다. 사람의 마음가짐이 그대로 밖으로 나타나는 것이라면, 우리의 마음이 안정되어야만 모든 행동이 그에 따라 안정을 찾을 수 있습니다.

    옛날 사람들은, 사람의 마음이란 사람의 몸 속에서 사물을 생각하는 것이기 때문에 우리 몸 속에 있는 마음의 변화는 곧 우리 행동의 변화를 가져온다고 생각하였습니다. 사람은 언제나 착한 마음으로 살아야 한다는 교훈입니다.

한자학습

性 : 성품 성   靜 : 고요할 정   情 : 뜻 정   逸 : 편안할 일
心 : 마음 심   動 : 움직일 동   神 : 귀신 신   疲 : 고달플 피

50
수진지만 축물의이 守眞志滿 逐物意移

진실함을 지키면 마음이 편안하게 되지만,
물질을 탐내면 좋은 뜻도 흐트러진다.

여기서 '수진'이란 진실됨을 지킨다는 뜻입니다.

《후한서》에 보면,

"진실이란 가난한 것을 편안하게 여기고 조용한 것을 즐겼으니, 올바른 도리를 맛보고 참마음을 지킨 것이다."

라고 적혀 있습니다.

이것은 생각하기에 따라서는 본받을 바가 못 된다고 나무랄 수도 있습니다. 가난한 것을 그대로 지킨다는 것은 어리석은 일이라고 할 수 있기 때문입니다.

그러나 주어진 대로, 능력대로 분수를 지키는 일이라고 생각한다면, 이 말이야말로 우리가 힘써 지켜 나가야 할 것이라고 할 수 있습니다.

한자학습

守 : 지킬 수   眞 : 참 진   志 : 뜻 지   滿 : 찰 만
逐 : 쫓을 축   物 : 만물 물   意 : 뜻 의   移 : 옮길 이

51 견지아조 호작자미 堅持雅操 好爵自縻

올바른 행동을 잘 지켜 나가노라면,
훌륭한 벼슬이 저절로 찾아온다.

《논어》는,

"공부를 많이 하고 행실이 바르면 벼슬은 저절로 찾아온다. 정말로 훌륭한 사람은 어떻게 살까를 걱정할 뿐, 가난을 걱정하지는 않는다."

라고 했습니다.

이것은, 많이 안다는 것과 좋은 일을 한다는 것은 다르다는 것을 말하고 있습니다. 아무리 공부를 많이 해서 아는 것이 많다고 하더라도 행실이 바르지 못하면 다 소용이 없는 일입니다. 이와 반대로 학문도 깊고 행실이 발라 다른 사람들로부터 존경을 받는 사람이 있다면, 그가 비록 숨어 산다고 하더라도 이는 윗사람들에게 알려질 것입니다.

한자학습

堅 : 굳을 **견**   持 : 가질 **지**   雅 : 맑을 **아**   操 : 지조 **조**
好 : 좋을 **호**   爵 : 벼슬 **작**   自 : 스스로 **자**   縻 : 얽을 **미**

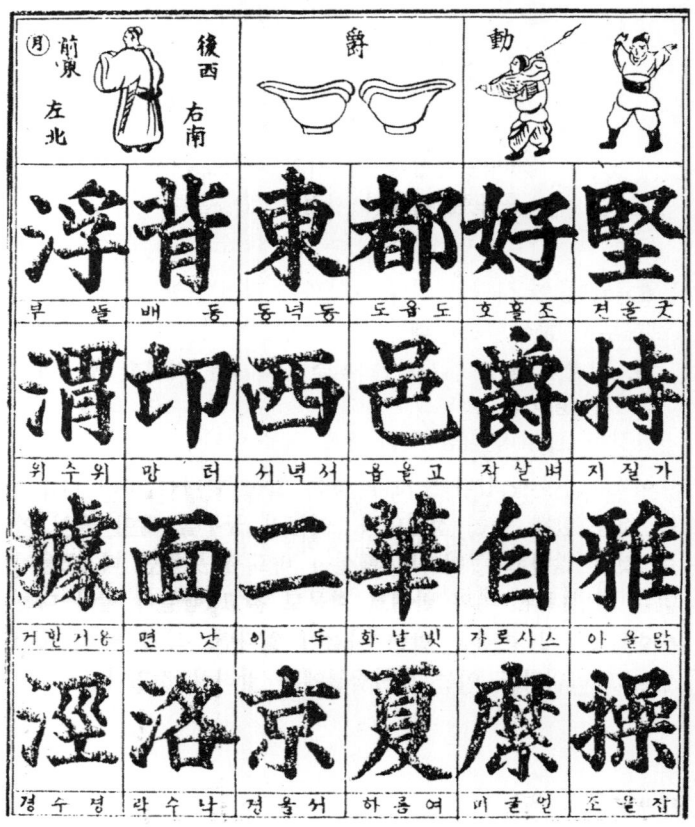

52
도읍화하 동서이경 都邑華夏 東西二京

> 중국에는 서울이 두 곳이다.
> 하나는 낙양이요, 또 하나는 장안이다.

옛날에는 중국을 '하' 라 부르기도 하고 '번영한다', '영광스럽다' 는 뜻이 있는 '화(華)' 자를 써서 영화로운 중국이라는 뜻으로 '화하' 라고 부르기도 했습니다.

한편 주나라 때에는 수도가 두 곳이었습니다. 하나는 하남성 낙양에 있는 동경 또는 동도은, 다른 하나는 섬서성 장안에 있는 서경 또는 서도라고 하는 곳이었습니다.

이 두 도시는 여러 가지로 중요한 곳으로서 역사적으로도 그렇지만, 그 당시에는 다른 어떤 도시보다도 발달되어 많은 사람들이 몰려들었던 곳입니다.

한자학습

都 : 도읍 도   邑 : 고을 읍   華 : 빛날 화   夏 : 여름 하
東 : 동녘 동   西 : 서녘 서   二 : 두 이   京 : 서울 경

53 배망면락 부위거경 背邙面洛 浮渭據涇

동쪽 서울의 뒤는 북망산이요, 앞은 낙수이고,
서쪽 서울은 위수와 경수에 기대고 있다.

옛날 중국에서는 임금이나 높은 벼슬아치들이 죽으면 북망산에 묻었습니다. 때문에 북망산이라면 사람이 죽어서 찾아가는 곳으로 알려졌습니다. 흔히 노래 가사에 북망 산천에 갈 것을 탄식하는 내용이 나오는 것도 이 때문입니다.

낙수는 황하의 한 줄기를 말하고, 위수와 경수는 모두 강이름입니다. 여기서는 '동경부'에 나오는 글을 인용했는데, '동경부'에는 낙수를 거스르고 황하를 등지고 있다고 했고, '서경부'에는 우수를 의지하고 경수가 옆으로 흘렀다고 했습니다. 동경과 서경, 두 서울의 지리에 대한 설명입니다.

 한자학습

背 : 등 배 　邙 : 산이름 망 　面 : 낯 면 　洛 : 물이름 락
浮 : 뜰 부 　渭 : 물이름 위 　據 : 의거할 거 　涇 : 물이름 경

 54 궁전반울 누관비경 宮殿盤鬱 樓觀飛驚

> 궁전을 빈틈 없이 빽빽이 세워졌고,
> 누각은 하늘 높이 치솟아 널려 있다.

옛날 임금이 살던 집은 대단히 컸다는 것을 알리는 글입니다. 원래 '궁'이란, 집이 담 위로 높이 솟아나 보일 만큼 큰 집을 가리켰으나, 뒤에는 임금이 사는 집으로 그 뜻이 변경됐습니다.

그리고, '전'이란, 궁 안에 있는 조금 작은 집을 뜻하는데, 이것도 전에는 크고 높은 집은 모두 전이라 불렀으나 당나라 때부터 백성의 집을 '전'이라 부를 수 없게 되었습니다. 한편 '누관'이란 계단이 달린 다락집에서 바라보는 것을 말합니다.

임금이 사는 궁은 클 뿐 아니라 그 밖의 여러 가지 건물이 딸려 있습니다.

한자학습

宮 : 집 궁　　殿 : 전각 전　　盤 : 소반 반　　鬱 : 울창할 울
樓 : 다락 루　　觀 : 볼 관　　飛 : 날 비　　驚 : 놀랄 경

55 도사금수 화채선령 圖寫禽獸 畫綵仙靈

궁전의 벽에는 새와 짐승 그림이 있는가 하면, 임금이 오래 살기를 비는 신선도도 있다.

앞에서는 궁중의 외부, 다시 말해서 궁중의 건물을 설명했는데, 여기서는 궁중의 내부에 대해서 설명하고 있습니다.

화려한 궁중을 장식하는 데 있어서 그 당시엔 솜씨 좋은 화가들에게 그림을 그리게 했습니다.

그런데 궁중에 장식하는 그림은 그 하나하나에 뜻이 담겨 있어야 했습니다. 물론 보기에도 화려해야 했지만, 특히 모든 것이 임금을 위하는 내용이어야 했습니다. 따라서 임금의 장수를 기원하는 신선도가 많이 그려져 있습니다.

한자학습

圖 : 그림 **도**　　寫 : 그릴 **사**　　禽 : 새 **금**　　獸 : 짐승 **수**
畫 : 그림 **화**　　綵 : 채색 **채**　　仙 : 신선 **선**　　靈 : 신령 **령**

56
병사방계 갑장대영 丙舍傍啓 甲帳對楹

궁전을 지키는 듯 집들이 둘러서 있고,
보석으로 꾸며진 휘장이 기둥에 걸려 있다.

   호화스럽고 웅장한 궁전의 이모저모를 잘 설명하고 있습니다. 임금이 사는 궁전 주위에는 여러 채의 집이 들어차 궁전을 둘러싸고 있었는데, 그 집에는 궁전을 지키는 사람들이나 신하들이 살았습니다.
   한편 궁중에서도 특히 임금이 사는 큰 집에는 다른 집에서는 볼 수 없는 여러 가지 호화찬란한 휘장들이 기둥에 걸려 있었습니다. 이 휘장에도 역시 임금의 권위와 신망을 높이고 나라의 평안과 임금의 장수를 축원하는 내용의 글이나 그림이 그려져 있었습니다.

한자학습

丙 : 남녘 **병**　　舍 : 집 **사**　　傍 : 곁 **방**　　啓 : 열 **계**
甲 : 갑옷 **갑**　　帳 : 휘장 **장**　　對 : 대답할 **대**　　楹 : 기둥 **영**

57 사연설석 고슬취생 肆筵設席 鼓瑟吹笙

돗자리 위에 술상을 차리고,
거문고를 뜯으면서 음악을 즐긴다.

이것은 궁전 안에서 잔치를 베푼 광경을 설명한 것인데,《시경》의
"나를 찾아온 반가운 손님이 있어서 거문고를 뜯고 피리를 분다."
에서 따온 글입니다.

옛날에는 궁전 안에서 좋은 일이 있을 때면 늘 잔치를 베풀어 임금과 신하들이 함께 즐겼으나, 이런 일이 지나쳐서 나라의 힘이 약해지고 마침내는 나라의 기틀이 흔들린 예도 없지 않았습니다.

그러나 꼭 필요한 때를 가려서 임금과 신하들이 한 자리에 둘러앉아 즐기는 일은 아름다운 일이라 할 수 있습니다.

한자학습

肆 : 베풀 **사**　　筵 : 자리 **연**　　設 : 베풀 **설**　　席 : 자리 **석**
鼓 : 북 **고**　　瑟 : 비파 **슬**　　吹 : 불 **취**　　笙 : 생황 **생**

而右依涇水地

宮殿盤鬱　樓觀飛驚
圖寫禽獸　畫綵仙靈
丙舍傍啟　甲帳對楹
肆筵設席　鼓瑟吹笙
陞階納陛　弁轉疑星
右通廣內　左達承明

此言王者宮室之壯爾雅云宮謂之室古者以宮爲室之通稱後世專以稱天子之室爲殿室之高大者奉始皇始作之樓說文云重屋也爾雅云觀謂之闕釋名云

58 승계납폐 변전의성 陞階納陛 弁轉疑星

> 임금을 뵈려고 섬돌에 올라서니,
> 관에 달린 구슬이 별같이 반짝인다.

    옛날에는 벼슬아치들의 계급의 높고 낮음에 따라서 옷의 모양도 다르고, 머리에 쓰는 관에 달린 장식도 달랐습니다. 계급이 높은 사람일수록 옷도 화려할 뿐 아니라 관의 장식도 더 값진 것이었습니다.

    이 시는 나라에 의식이 있어 임금을 중심으로 여러 신하들이 모였을 때, 벼슬이 높은 사람이 화려한 옷차림으로 몸을 단장하고, 값진 장식이 달린 관을 쓰고 섬돌을 올라서면 관에 달린 구슬이 마치 밤하늘의 별과 같이 빛났다는 것을 나타낸 것입니다.

한자학습

陞 : 오를 **승**　　階 : 섬돌 **계**　　納 : 들일 **납**　　陛 : 뜰 **폐**
弁 : 고깔 **변**　　轉 : 구를 **전**　　疑 : 의심할 **의**　　星 : 별 **성**

59 우통광내 좌달승명 右通廣內 左達承明

> 오른쪽은 책 읽는 도서실로 가는 길이오,
> 왼쪽은 쉴 수 있는 집이 있는 길이로다.

여기까지 서울의 크기와 궁전의 화려하고 장엄함을 설명하고 있습니다.

'광내'란 하나라 무제의 도서실이었는데, 오늘의 국립 도서관 같은 구실을 했다고 합니다.

그리고 '승명'이란 역시 하나라 무제 때 글을 쓰던 곳이기도 하고, 한나라 때 신하들이 숙직을 하던 곳이기도 합니다. 따라서 정확하게 글 쓰던 방이라고 하기도 어렵고, 그렇다고 숙직실이라고 하기도 어렵지만, 두 곳이 모두 쉴 수도 있는 곳이므로 '쉴 수 있는 집'이라고 옮겨 보았습니다.

한자학습

右 : 오른쪽 우   通 : 통할 통   廣 : 넓을 광   內 : 안 내
左 : 왼 좌   達 : 통할 달   承 : 이을 승   明 : 밝을 명

60
기집분전 역취군영 旣集墳典 亦聚群英

이미 귀중한 고전들을 모았고,
어질고 재간 있는 선비들도 모였다.

여기서는 도서실에 많은 값진 고전들이 있다는 것을 설명하고 있습니다.

'분전'을 '고전'으로 옮긴 것은, 원래 '분전'의 '분'은 무덤을 말하나 여기서는 옛날 임금에 관한 기록을 담은 책을 의미하고, '전'은 책을 뜻하기 때문입니다.

여기서 말하는 책이란 보통 책과는 다른, 이를테면 고전과 같이 많은 사람들이 오랫동안 읽을 수 있는 책이기 때문에 자연히 공부할 재간이 있고 능력이 있는 선비들이 모여들게 마련인 것입니다. 여기서는 책과 공부하는 사람에 대하여 말하고 있습니다.

한자학습

旣 : 이미 **기**　　集 : 모을 **집**　　墳 : 무덤 **분**　　典 : 책 **전**
亦 : 또 **역**　　聚 : 모을 **취**　　群 : 무리 **군**　　英 : 꽃부리 **영**

61 두고종례 칠서벽경 杜藁鍾隷 漆書壁經

> 흘림체와 노예의 솜씨를 닮은 글씨가 있고,
> 장자의 저서와 중국 경서들이 있다.

'두고'란 흘림체 글씨를 잘 썼던 후한 때 사람 두도의 초서를 가리키는 말이고, '종례'는 위나라 사람 종요의 특별한 글씨체를 가리키는 말입니다.

이른바 '예서체'란 '예'라는 글자가 뜻하는 대로 노예들의 글씨체를 말하나, 실제로는 노예들만이 쓰는 글씨체뿐만 아니라 여러 가지 한자의 글씨체 중의 하나를 가리킵니다.

'칠서'는 여러 책에 장자의 《남화진경》이라고 되어 있고, '벽경'이란 중국의 진시황제가 모든 책을 불사르게 했을 때 숨겨 두었던 《논어》, 《시전》 등의 책으로, 공자의 집 벽 속에서 나왔다 하여 붙여진 이름이라고 합니다.

한자학습

杜 : 팔배나무 **두**　　藁 : 짚 **고**　　鍾 : 쇠북 **종**　　隷 : 종 **례**
漆 : 옷칠 **칠**　　書 : 글 **서**　　壁 : 벽 **벽**　　經 : 책 **경**

62 부라장상 노협괴경 府羅將相 路俠槐卿

관청에는 장군과 정승들이 줄지어 있고,
벼슬아치의 집들이 처마를 마주 대고 있다.

앞에서는 어질고 재간 있는 선비들이 많이 모여 있다고 했는데, 이번에는 그들이 열심히 공부하고 수양을 쌓아 벼슬길에 들어 높은 자리에 오른 다음의 모습을 나타내고 있습니다.

한자학습

府 : 마을 **부**　　羅 : 벌릴 **라**　　將 : 장수 **장**　　相 : 서로 **상**
路 : 길 **로**　　俠 : 낄 **협**　　槐 : 회화나무 **괴**　　卿 : 벼슬 **경**

63 호봉팔현 가급천병 戶封八縣 家給千兵

> 나라에 공이 많은 사람에게는 땅을 주고,
> 그들을 편안하게 보호하도록 병정을 보낸다.

옛날 중국에서는 임금의 친척이나 나라에 큰 공을 세운 사람들에게는 특별한 대우를 해주었습니다. 이때 나라에서 그들에게 내리는 것은 대부분이 땅이었습니다.

옛날에는 다른 부동산, 다시 말해서 공장이나 광산 같은 재산보다는 농사를 지을 수 있는 땅이 재산이었기 때문에 땅을 얼마나 많이 가지고 있는지에 따라서 부자가 결정되었습니다. 그렇기 때문에 나라에서는 공로의 보답으로 땅을 주었는데, 여기에 병사를 주어서 편안하게 보호한 것은 더욱 좋은 대접을 한 것이라 할 수 있습니다.

한자학습

戶 : 지게문 **호** 封 : 봉할 **봉** 八 : 여덟 **팔** 縣 : 고을 **현**
家 : 집 **가** 給 : 줄 **급** 千 : 일천 **천** 兵 : 군사 **병**

64 고관배련 구곡진영 高冠陪輦 驅轂振纓

> 높은 벼슬아치들이 임금의 수레를 따르니,
> 수레바퀴가 구를 때마다 갓 끈이 흔들린다.

임금이 바깥 나들이할 때 높은 벼슬아치들이 임금이 타고 있는 수레를 호위하며 따라가는 모습을 시로 적은 것입니다.

여기서 '련' 자를 따로 떼어 읽을 때는 '연' 으로 발음해야 하는데, 두 남자가 앞에 서서 수레를 끈다는 뜻으로 만들어진 글자입니다. 따라서 '연' 은 손수레를 가리킵니다.

그리고 '진영' 이라 함은 벼슬아치들의 갓에 달린 장식이 흔들린다는 뜻입니다. 다시 말해 임금의 수레를 호위하는 무관을 가리키는 말입니다.

한자학습

高 : 높을 고   冠 : 갓 관   陪 : 모실 배   輦 : 손수레 련
驅 : 몰 구   轂 : 바퀴 곡   振 : 떨칠 진   纓 : 갓끈 영

65 세록치부 거가비경 世祿侈富 車駕肥輕

대를 이어 받는 녹봉이 넉넉해 생활이 사치스럽고,
수레를 끄는 말 또한 살지다.

'세록'이란 대를 이어 나라로부터 받는 봉급이나 그 밖의 물건을 말합니다. 한 세대를 보통 30년으로 잡았을 때 3대면 90년이 되므로, 세록을 받았다면 긴 세월에 걸쳐 나라의 은혜를 입은 것이 됩니다.

그런데 옛날에는 5대나 10대에 걸쳐서 벼슬을 이어 온 집안도 많았습니다. 이같이 긴 세월에 걸쳐서 벼슬을 하게 되면, 윗사람의 덕으로 벼슬이 저절로 높아지는 수도 있어 더욱 호화스러운 생활을 할 수 있었던 것입니다. 이 시는 그러한 생활을 나타낸 내용이라고 할 수 있습니다.

한자학습

世 : 인간 **세**	祿 : 녹 **록**	侈 : 사치할 **치**	富 : 부자 **부**
車 : 수레 **거**	駕 : 멍에 **가**	肥 : 살질 **비**	輕 : 가벼울 **경**

천자문 87

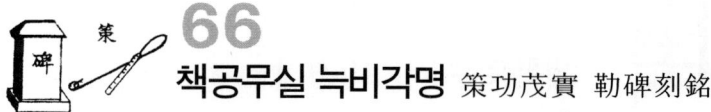

66 책공무실 늑비각명 策功茂實 勒碑刻銘

> 나라일을 맡아서 큰 공을 세우면,
> 이를 돌에 새겨서 길이 전하네.

사람의 뜻을 오래도록 세상에 남기는 방법으로 옛날에는 돌에 글자를 새겼습니다.

우리는 흔히 무덤에서 거기에 묻힌 사람이 여러 가지 행적을 기록한 비석을 볼 수 있습니다. 이것은 그 사람에 대한 자랑거리를 남에게 알리기 위한 것입니다.

나라일을 맡아서 처리하는 벼슬아치들도 자기가 하고자 한 일을 충실히 한 결과 그것이 많은 사람들에게 이로운 일이 되었으면, 그것은 한 개인의 자랑거리가 아니라 여러 사람들이 본받아야 할 일이었습니다. 따라서 그것을 비석에 새겨 여러 사람들에게 오래도록 알리고자 하였습니다.

한자학습

策 : 꾀 책   功 : 공 공   茂 : 우거질 무   實 : 열매 실
勒 : 새길 륵   碑 : 비석 비   刻 : 새길 각   銘 : 새길 명

67 반계이윤 좌시아형 磻溪伊尹 佐時阿衡

> 임금이 훌륭한 신하를 얻자,
> 나라에 공을 세워 어려움을 이기고 그 자리도 높아진다.

'반계'란 옛날에 주나라 문왕을 도와서 나라에 큰 공을 세우고 높은 벼슬자리에 올랐던 '여상'이라는 사람이 낚시질을 하던 강을 말하고, '이윤'이란 은나라 때의 어진 신하로서 탕왕을 도와 나라의 힘을 굳건히 했던 사람인데, '아형'이라는 벼슬이 내려졌습니다.

어진 임금 밑에는 반드시 어진 신하가 있게 마련입니다. 이 시는 여상과 이윤을 통해서, 임금이 훌륭한 신하를 얻었을 때 나라 발전에 크게 이바지할 수 있다는 것과 훌륭한 신하에게는 후한 대접을 해야 한다는 것을 말해 주고 있습니다.

한자학습

磻 : 돌 **반**　　溪 : 시내 **계**　　伊 : 저 **이**　　尹 : 다스릴 **윤**
佐 : 도울 **좌**　　時 : 때 **시**　　阿 : 언덕 **아**　　衡 : 저울대 **형**

68 엄택곡부 미단숙영 奄宅曲阜 微旦孰營

> 나라에 공이 있어 주어진 땅에서 오래 살았다.
> 주공이 아니면 누가 그 어려운 일을 해냈으랴.

    이 시도 앞에서와 마찬가지로 나라에 큰 공로가 있는 사람에게는 그만한 대접을 해주어야 한다는 것을 말하고 있습니다.
    '곡부'는 노나라의 성왕이 나라에 큰 공을 세운 주공에게 내린 도시인데, 주공은 주나라의 정치가로서 문왕의 아들이며 무왕의 동생이었습니다. 그는 무왕을 도와서 은나라를 멸망시켰고, 무왕이 죽은 다음에는 성왕을 도와서 왕실의 기초를 튼튼히 했습니다. 이와 같은 공로로 임금으로부터 곡부를 받았는데, 그곳에 집을 짓고 오래도록 잘 살았다고 합니다.

한자학습

奄 : 오랠 **엄**　　宅 : 집 **택**　　曲 : 굽을 **곡**　　阜 : 언덕 **부**
微 : 작을 **미**　　旦 : 아침 **단**　　孰 : 누구 **숙**　　營 : 경영할 **영**

69 환공광합 제약부경 桓公匡合 濟弱扶傾

환공은 영웅들을 모아 제나라를 바로잡았고, 약하고 작은 나라를 도와 발전하도록 했다.

이것은 제나라의 환공이 나라에 큰 공을 세웠던 역사를 기록한 것입니다.

환공은 당시에 여러 갈래로 나누어져 있는 지방을 하나로 묶고 큰 힘을 나타내기 위해서 먼저 그 지방을 다스리는 사람들을 잘 거느렸습니다. 이렇게 해서 나라의 힘을 기른 다음에는 서로 돕는 일에 힘썼습니다.

역사를 보면, 그는 아홉 번씩이나 제후들을 불러 모아 서로 힘을 합할 것을 다짐하는 한편, 약한 제후들을 도와서 힘을 기를 수 있도록 했다고 합니다.

한자학습

桓 : 굳셀 **환**　　公 : 공변될 **공**　　匡 : 바를 **광**　　合 : 합할 **합**
濟 : 건널 **제**　　弱 : 약할 **약**　　扶 : 도울 **부**　　傾 : 기울 **경**

주흥사 천자문 91

70
기회한혜 설감무정 綺回漢惠 說感武丁

한나라 기리계는 혜제의 임금 자리를 지켰고, 부열은 무정의 꿈에 나타나 그를 감동케 했다.

진나라 때 상산이라는 곳에 피난 가 있었던 네 사람 중에 기리계라는 사람이 있었습니다.

한나라의 고조는 여후와의 사이에서 난 혜제를 후대 임금으로 정했으나, 뒤에 척부인을 사랑한 나머지 그가 낳은 아들로 바꾸려고 하였습니다. 이때 기리계가 나타나 혜제의 임금 자리를 굳혔습니다.
　한편 은나라의 고종은 어느 날 하늘이 어진 신하를 내리는 꿈을 꾸었는데, 그 신하는 들에서 일하던 부열이었습니다. 고종은 그를 불러서 나라 살림을 부탁하였으며, 그 후 은나라는 잘 다스려졌다고 하는 전설 같은 이야기입니다.

한자학습

綺 : 비단 기　　回 : 돌아올 회　　漢 : 한나라 한　　惠 : 은혜 혜
說 : 말씀 설　　感 : 느낌 감　　武 : 호반 무　　丁 : 장정 정

71 준예밀물 다사식녕 俊乂密勿 多士寔寧

훌륭한 사람이 나라를 위해 힘써 일하고, 재주 있는 백성이 많으니 나라일이 잘 된다.

왕실에 대한 공로가 많은 신하들을 소개하고 있습니다. '준예'란 훌륭한 사람이라는 뜻인데, 1천 사람 가운데서 뛰어난 사람을 '준'이라 하고, 1백 사람 가운데 뛰어난 사람을 '예'라고 하였습니다.

그리고 '밀물'이란 침착하고 빈틈이 없다는 뜻이고, '다사'는 많은 인재, 곧 여러 훌륭한 일꾼이라는 뜻이며, '식녕'은 참으로 편안하다는 뜻입니다.

이와 같이 한 나라에 어질고 착한 사람들이 힘써 나라일을 돕는다면, 그 나라는 틀림없이 잘 될 것이라는 내용을 설명하고 있습니다.

한자학습

俊 : 준걸 **준**   乂 : 어질 **예**   密 : 빽빽할 **밀**   勿 : 말 **물**
多 : 많을 **다**   士 : 선비 **사**   寔 : 진실로 **식**   寧 : 편안할 **녕**

72 진초갱패 조위곤횡 晉楚更霸 趙魏困橫

> 진나라, 초나라는 교대로 우두머리가 되었으나,
> 조나라, 위나라는 연횡설로 곤란을 겪는다.

진나라, 초나라, 조나라, 위나라는 모두 중국 주나라 시대의 제후국으로 따로 작은 나라를 이루고 있었습니다.

'횡'은 장의가 주창한 '연횡'을 가리키는데, 진나라가 6국을 분화한 외교 정책을 말합니다. 이 연횡론으로 조나라와 위나라는 곤란을 겪었습니다.

'연횡'이란 진나라와 가까운 거리에 있는 여섯 나라를 잇대어 보면 가로로 길게 이어지므로 이렇게 쓰고 있습니다.

어지러운 세상에서 작은 나라끼리 서로 싸울 때 훌륭한 한 사람의 지혜가 얼마나 소중한지를 알리는 시입니다.

한자학습

晉 : 진나라 진   楚 : 초나라 초   更 : 다시 갱   霸 : 두목 패
趙 : 조나라 조   魏 : 위나라 위   困 : 곤할 곤   橫 : 비낄 횡

73 가도멸괵 천토회맹 假途滅虢 踐土會盟

> 진나라는 우나라 길을 빌려 괵나라를 쳐부수고, 정나라 땅에 모여 제후들과 동맹을 맺었다.

괵나라는 주 문왕의 아우인 괵중이 세운 나라인데, 진나라 헌공은 괵나라를 쳐부수기 위하여 순식이라는 신하에게 값비싼 구슬과 널리 세상에 이름을 떨친 말을 주고 우나라 임금에게 가서 길을 빌려 줄 것을 청하도록 했습니다. 이때 우나라의 궁지기는 진나라에게 길을 빌려 주어서는 안 된다고 임금에게 간청했으나, 임금은 이를 듣지 않고 길을 빌려 주었습니다.

그러자 우나라의 길을 빌려 괵나라를 쳐부순 진나라는, 돌아오는 길에 우나라까지 쳐부수고 정나라 땅에 모여 제후들과 동맹을 맺었다는 이야기입니다.

한자학습

假 : 거짓 **가**　　途 : 길 **도**　　滅 : 멸망할 **멸**　　虢 : 나라 **괵**
踐 : 밟을 **천**　　土 : 흙 **토**　　會 : 모을 **회**　　盟 : 맹세 **맹**

74 하준약법 한폐번형 何遵約法 韓弊煩刑

> 소하는 간단한 법으로 나라를 잘 다스렸고,
> 한나라는 어지러운 법 때문에 멸망했다.

　'하'는 한나라 고조 때의 '소하'를 가리키는 것입니다.

　고조는 진나라를 쳐부수고 그 지방 사람들과 의논하여 '사람을 죽인 사람은 죽이고, 남에게 상처를 입힌 사람은 벌주고, 도둑질한 사람도 벌준다'는 세 가지 법규만 정하였습니다. 그러나 그 후 이것만으로는 죄를 다스리기가 어려워 소하가 다시 9조목으로 만들었습니다.

　한편 한나라 한비자는 법률에 매우 밝아서 유명한 저술을 많이 남겼는데, 그가 만든 법률은 너무 엄하고 복잡해서 지키기 어려운 폐단이 있었을 뿐만 아니라, 그 결과 도리어 백성을 다스리는 데 불편했다고 합니다.

한자학습

何 : 어찌 **하**　　遵 : 좇을 **준**　　約 : 언약할 **약**　　法 : 법 **법**
韓 : 한나라 **한**　　弊 : 해칠 **폐**　　煩 : 번거로울 **번**　　刑 : 형벌 **형**

75
기전파목 용군최정 起剪頗牧 用軍最精

> 진나라와 조나라에는 훌륭한 장군들이 있어, 전쟁터에서의 작전술이 정밀하고 기묘했다.

'기'는 진나라의 장수 백기로 군사 작전에 뛰어나 소왕이 높이 썼으나 뒤에 처형되었고, '전' 역시 진나라의 장군으로 진시황으로부터 사랑을 받았던 사람입니다.

'파'는 조나라의 유명한 장군 염파를 말하고, '목'은 진나라를 쳐서 공을 세웠으나 뒤에 진나라의 모략에 말려들어 처형된 이목을 가리킵니다.

이 시는 아무리 뛰어난 사람이라도 자칫 잘못하면 도리어 제 꾀에 넘어가 몸을 상하게 되니 조심하여 행동하라는 것을 가르쳐 주고 있습니다.

한자학습

| 起 : 일어날 기 | 剪 : 자를 전 | 頗 : 치우칠 파 | 牧 : 칠 목 |
| 用 : 쓸 용 | 軍 : 군사 군 | 最 : 가장 최 | 精 : 정밀할 정 |

76

선위사막 치예단청 宣威沙漠 馳譽丹靑

사막의 싸움터에서 승리를 해도,
그 거룩한 이름은 단단한 곳에 길이 남는다.

앞에서 설명한 장군들은 여러 싸움터에서 승리를 거두었습니다. 그들이 싸운 곳은 사막일 때도 있었으나, 그들의 공로는 길이 후손들에게 전하기 위하여 사막이 아닌 단단한 돌이나 그 밖의 튼튼한 곳에 새겨 두게 하였습니다.

한나라의 선제는 열한 사람의 공이 많은 신하들을 기린각이라는 곳에 그리게 했는가 하면, 명제 임금은 공이 많은 신하 32명을 뽑아 궁전 안에 그리게 하여 여러 사람들이 길이 숭배하도록 했다고 합니다.

이렇게 훌륭한 일을 한 신하들을 길이 잊지 않도록 해야 다음 세대에 훌륭한 신하가 나오게 된다는 것입니다.

한자학습

宣 : 베풀 **선**   威 : 위엄 **위**   沙 : 모래 **사**   漠 : 아득할 **막**
馳 : 달릴 **치**   譽 : 기릴 **예**   丹 : 붉을 **단**   靑 : 푸를 **청**

77
구주우적 백군진병 九州禹跡 百郡秦并

하나라 우임금은 중국을 9주로 나누었고, 진시황은 이를 6국으로 병합해 전국을 100군으로 나누었다.

여기서부터는 중국의 크기와 이를 다스리기 위해서 나누었던 구역에 대해 설명하고 있습니다.

중국은 9주라 하여 아홉 고을로 나누었는데, 이는 처음에 황제가 나누었다고도 하고 다른 사람이 나누었다고도 합니다. 그 뒤 순나라 임금이 12주로 나누었던 것을 하나라 우임금이 홍수를 막기 위해서 다시 9주로 나누었습니다.

그러나 한나라 때부터는 주가 아닌 군이라 하여 103군으로 크게 늘어났습니다.

옛날 중국은 땅을 각기 그 생김새에 따라서 나누어 다스렸다는 역사를 알리려는 시입니다.

한자학습

九 : 아홉 구   州 : 고을 주   禹 : 임금 우   跡 : 자취 적
百 : 일백 백   郡 : 고을 군   秦 : 진나라 진   并 : 어우를 병

78 악종항대 선주운정 嶽宗恒岱 禪主云亭

다섯 개의 큰 산 중 항산과 태산이 으뜸이요,
운운산과 정정산을 제사터로 소중하다.

중국에는 오악이라 해서 큰 산이 다섯 개 있습니다. 동쪽 산 동성에 있는 산으로 동쪽에 있다 하여 동악이라고도 하는 '태산', 남쪽 호남성에 있는 산으로 남쪽에 있다 하여 남악이라고도 하는 '형산', 서쪽 섬서성에 있는 산으로 서쪽에 있다 하여 서악이라고도 하는 '화산', 북쪽 하북성에 있는 산으로 북쪽에 있다 하여 북악이라고도 하는 '항산', 그리고 한가운데 하남성에 있는 산으로 가운데 있다 하여 중악이라고도 하는 '숭산' 이 그것입니다.

한편 중국에서는 하늘의 은혜에 보답한다는 뜻으로 제사를 지냈는데 그 제사터는 매우 신성한 곳으로 믿었습니다.

한자학습

嶽 : 큰산 **악**   宗 : 마루 **종**   恒 : 항상 **항**   岱 : 태산 **대**
禪 : 터닦을 **선**   主 : 임금 **주**   云 : 이를 **운**   亭 : 정자 **정**

79 안문자새 계전적성 雁門紫塞 鷄田赤城

중국 북방에는 동서를 가로지르는 만리장성이 있고, 여기 안문과 계전, 적성이 들어섰다.

여기서는 중국 북쪽 지방의 유명한 요새를 설명하고 있는데, 특히 만리장성 주변의 요새를 들어 설명하고 있습니다. 안문은 산서성 서북방에 있는데, 높은 산봉우리 사이로 기러기 떼가 오간다 하여 기러기문이라고도 불렀다고 합니다. 또한 만리장성을 자새라 한 것은 그곳의 흙빛이 자색이었기 때문이고, 계전이나 적성도 요새를 가리키는 말입니다.

이를 다시 풀어 보면, 기러기 날아드는 안문이 있는가 하면 만리장성이 동서로 길게 가로놓여 있고, 계전이나 작성 또한 아득한 옛 일을 생각하게 한다는 뜻입니다.

한자학습

雁 : 기러기 **안**   門 : 문 **문**   紫 : 붉을 **자**   塞 : 변방 **새**
鷄 : 닭 **계**   田 : 밭 **전**   赤 : 붉을 **적**   城 : 재 **성**

80 곤지갈석 거야동정 昆池碣石 鉅野洞庭

땅을 넓어 험한 산이 보이고 큰 연못도 있다.
끝없이 넓은 평야 위엔 큰 호수도 있다.

'곤지'는 곤명지의 약칭으로, 한나라 무제가 곤명국을 정복하고자 수군을 훈련시킬 목적으로 판 큰 연못이고, '갈석'은 위치를 정확하게 알기 어려우나, 다만 우뚝 솟은 험한 산이라는 뜻으로 알려지고 있습니다.

'거야'는 넓은 평야와 늪을 말하는데, 중국 산동성 북쪽에 있습니다. 원래는 늪이어서 물이 있었으나, 원나라 때 물이 말라 넓은 평야가 되었다고 합니다.

중국은 땅이 매우 넓어서 그 안에는 험하고 높은 산도 많거니와 넓은 평야도 있다는 것을 설명한 시입니다.

한자학습

昆 : 맏 곤   池 : 못 지   碣 : 돌 갈   石 : 돌 석
鉅 : 클 거   野 : 들 야   洞 : 고을 동   庭 : 뜰 정

81
광원면막 암수묘명　曠遠綿邈　巖岫杳冥

> 산과 들은 끝이 없이 아득하고,
> 언덕과 봉우리는 높아서 앞을 가리네.

중국이 얼마나 땅이 넓은 나라인지를 알리려는 글입니다.

어느 나라든지 그 나라에는 산도 있고 들도 있고 연못도 있습니다.

그러나 그것이 다른 나라에 비해서 엄청나게 규모가 크다면 자랑할 만한 일이라 하겠습니다.

여기서는 구체적으로 어떤 산이나 호수의 이름을 들지 않고 그저 중국의 특징을 설명하고 있습니다.

한자학습

曠 : 밝을 **광**　　遠 : 멀 **원**　　綿 : 솜 **면**　　邈 : 아득할 **막**
巖 : 바위 **암**　　岫 : 산봉우리 **수**　　杳 : 아득할 **묘**　　冥 : 어두울 **명**

82 치본어농 무자가색 治本於農 務玆稼穡

> 농사짓는 일로 나라를 다스리는 근본을 삼아,
> 백성은 씨 뿌리고 거두기에 힘을 다하네.

옛날에는 농사에서 얻어지는 것이 백성이 먹고 사는 것의 전부였습니다. 따라서 농사를 잘 짓는 것이 무엇보다도 중요한 일이었습니다.

이는 일찍이 중국의 《풍속통》에 '농자천하지대본'이라 하여, 농사짓는 일이야말로 사람들이 하는 일 가운데서 가장 으뜸이요 근본이라고 한 것을 보아도 알 수 있습니다.

그러므로 임금이 나라를 다스리는 데도 농사를 매우 중요하게 여겼습니다. 해마다 '권농'이라 하여 임금이 친히 논밭에 나가 농사짓는 일에 모범을 보이기도 했습니다.

한자학습

治 : 다스릴 **치**　　本 : 근본 **본**　　於 : 어조사 **어**　　農 : 농사 **농**
務 : 힘쓸 **무**　　玆 : 이 **자**　　稼 : 심을 **가**　　穡 : 거둘 **색**

83 숙재남묘 아예서직 俶載南畝 我藝黍稷

봄이 되면 남쪽 양지바른 밭에서 일을 시작하리니,
우리는 기장을 심으리라.

앞의 시부터 농사에 대하여 설명하고 있는데, 여기서는 곡식을 설명하고 있습니다.

옛날에는 먹을 것이 풍족해야 예의도 알아차린다는 말이 있을 정도로 곡식에 대한 관심이 컸습니다.

그 가운데서도 쌀, 보리, 조, 콩, 팥을 오곡이라 하여 으뜸가는 곡식으로 삼았습니다.

봄이 되어 농사일을 할 수 있는 날씨가 되면 농부들은 양지바른 남쪽 밭에서 밭일을 시작했습니다. 또한 임금이나 고을의 관리들도 농사일에 힘을 쏟아서 곡식을 거두어들이고, 제사를 드리는 데 정성을 다했습니다.

한자학습

俶 : 비로소 **숙**　　載 : 실을 **재**　　南 : 남녘 **남**　　畝 : 이랑 **묘**
我 : 나 **아**　　藝 : 심을 **예**　　黍 : 기장 **서**　　稷 : 피 **직**

84
세숙공신 권상출척 稅熟貢新 勸賞黜陟

곡식이 익으면 거두어 나라에 바친다.
잘 되었으면 상을 주고 잘못되었으면 벌을 준다.

어떤 책에는 '세숙'을 익은 곡식으로서 나라에 세를 내는 것으로, '공신'은 새 곡식으로 군주에게 바치는 것으로 풀이하고 있습니다. 그러므로 곡식을 나라에 바치는 것을 말해 주고 있습니다.
　어느 시대나 백성은 나라에 세를 내게 마련입니다. 그것이 돈이든 물건이든 나라는 이를 거두어들여 나라 살림을 하는 비용으로 쓰게 됩니다.
　옛날 중국에서는 곡식을 나라에 바치는 일이 많았습니다. 이 같은 일을 잘 처리한 벼슬아치들이나 그 밖의 백성에게는 후한 상을 내렸고, 그렇지 못한 백성에게는 벌을 내렸다고 합니다.

한자학습

稅 : 구실 **세**　　熟 : 익을 **숙**　　貢 : 바칠 **공**　　新 : 새 **신**
勸 : 권할 **권**　　賞 : 상줄 **상**　　黜 : 내칠 **출**　　陟 : 오를 **척**

85

맹가돈소 사어병직 孟軻敦素 史魚秉直

> 맹자는 하는 일에 거짓이나 꾸밈이 없고,
> 사어는 하는 일에 그릇됨이 없다.

맹자의 원래 이름은 성은 '맹'이요 이름은 '가'로 맹가였는데, 우리는 흔히 맹자라고 부르고 있습니다.

사어는 위나라 사람으로 성품이 바르고 곧아 옳은 일을 고집하는 데는 목숨까지 바쳤습니다. 원래 성은 '어', 이름은 '추'로 어추였는데 사어라고 한 것은 성 앞에 벼슬 이름을 붙인 것입니다.

일찍이 공자도 사어를 보고,

"곧은 사람이구나. 나라의 질서가 설 때도 그랬고 어지러울 때도 화살 같았다."

라고 했습니다.

맹자의 어질고 거짓 없는 행동과, 사어의 곧고 바른 행실을 본받기 바라는 뜻에서 지은 시입니다.

한자학습

孟 : 성 맹   軻 : 높을 가   敦 : 두터울 돈   素 : 바탕 소
史 : 역사 사   魚 : 물고기 어   秉 : 잡을 병   直 : 곧을 직

大要不外乎辨土性造肥料誠教授得宜推行漸廣則地無棄利國無惰農矣

孟軻敦素　史魚秉直
庶幾中庸　勞謙謹敕
聆音察理　鑒貌辨色
貽厥嘉猷　勉其祗植

此節言持身者以敬慎為要孟子名軻受業子思之門人著孟子七篇史魚名鰌死而以尸諫衛靈公孔子曰直哉史魚子思作中庸朱子曰不偏之謂中不易之謂庸易曰勞謙君子有終吉言庶者當效孟子之精純史魚之正直庶幾近乎中庸而以勞謙謹敕之意聽言觀人審其是非邪正如是則可以無過而所遺者皆善

西人茶憩

86 서기중용 노겸근칙 庶幾中庸 勞謙謹勅

모든 일에 있어 한 쪽으로 치우치지 않기를 바란다면, 부지런하고 겸손하며 힘써 일해야 한다.

중용의 '중'은 지나치거나 모자람이 없다는 뜻이고, '용'은 변하지 않는다는 뜻으로, 중용이란 모든 일에 있어 언제나 변함없이 모자람도 지나침도 없어야 한다는 뜻입니다.

옛사람들은 이를 본받아 지키는 것이 가장 아름다운 도덕이라 여겨 왔습니다. 우리가 본받아야 할 중용을 지키기 위해서는 마음가짐도 중요하지만, 언제나 자기 일에 열성을 다하면서도 겸손한 행동을 취해야 합니다. 지나치게 잘난 체한다거나 공연히 분수에 넘치는 말과 행동을 남에게 보여서는 안 된다는 것을 말해 주고 있습니다.

한자학습

庶 : 거의 **서**   幾 : 바랄 **기**   中 : 가운데 **중**   庸 : 떳떳할 **용**
勞 : 수고할 **로**   謙 : 겸손할 **겸**   謹 : 삼갈 **근**   勅 : 칙서 **칙**

87 영음찰리 감모변색 聆音察理 鑑貌辨色

> 남의 말을 듣고 말하는 이유를 살피며,
> 남의 모습을 보고 얼굴빛을 구별한다.

'영음'은 남의 말을 듣는다는 뜻이고, '감모'는 거울에 모습을 비춘다는 뜻입니다. 사람은 언제나 남의 말을 들을 때 그 말소리로써 그 사람이 생각하는 바가 무엇인지를 알아차려야 하고, 사람의 모양을 보고 그 마음속 깊이 어떤 생각을 품고 있는지를 알아야 합니다.

여기서 '변색'이란 그대로 풀이하면 얼굴빛을 구별한다는 뜻이나, 실은 마음속에 숨겨진 생각을 알아차려야 한다는 뜻으로 해석해야 할 것입니다.

사람이 살아가는 데 이만한 능력이 있다면 다른 사람보다 한결 훌륭한 일을 해내기가 쉬울 것입니다.

한자학습

聆 : 들을 **령**　　音 : 소리 **음**　　察 : 살필 **찰**　　理 : 다스릴 **리**
鑑 : 거울 **감**　　貌 : 모양 **모**　　辨 : 나눌 **변**　　色 : 빛 **색**

88 이궐가유 면기지식 貽厥嘉猷 勉其祗植

사람이란 모름지기 후손에게 아름다운 계획을 남겨, 후손이 힘써 이를 이루게 해야 한다.

'가유'란《서경》의,

"너에게 아름다운 계획이나 꾀가 있거든 들어가서 임금에게 아뢰어라."

라고 한 말에서 나온 것입니다.

사람은 누구나 착한 행실로써 언제나 몸가짐을 삼가고 조심하면, 좋은 계획을 세우고 후손에게 보람 있는 일을 남길 수가 있습니다.

또한 나라의 일을 맡아보는 사람들도 모름지기 늘 잘못이 없도록 삼가며 백성을 보살펴야 할 것입니다.

여기서 아름다운 계획이란 앞으로 많은 사람들이 본받아야 할 일을 가리키고 있습니다. 아름다운 계획을 남기기 위해서 힘쓰라는 교훈적인 시입니다.

한자학습

貽 : 줄 이   厥 : 그 궐   嘉 : 아름다울 가   猷 : 꾀 유
勉 : 힘쓸 면   其 : 그 기   祗 : 공경할 지   植 : 심을 식

89 성궁기계 총증항극 省躬譏誡 寵增抗極

> 나의 몸을 살피고 남의 말을 두려워하며,
> 사랑을 받을수록 몸조심에 더 힘을 써야 한다.

남의 윗사람이 되려면 언제나 말이나 행동이 다른 사람의 본보기가 되어야 합니다.

그런데 우리 주위에는 그렇지 못한 사람도 있습니다. 그들은 자기가 남보다 잘나서 윗자리에 앉은 것으로 생각한 나머지 남을 업신여기는 경향이 있습니다. 《서경》에는 다음과 같은 교훈이 있습니다.

"윗사람은 교만한 데 이르지 말아야 하고, 복을 누리며 잘 살되 사치한 데 이르지 말도록 해야 한다."

우리는 이 교훈을 되새겨 어떻게 살아야 할 것인지를 생각하고 그대로 실천에 옮겨야겠습니다.

한자학습

省 : 살필 **성**　　躬 : 몸 **궁**　　譏 : 나무랄 **기**　　誡 : 경계할 **계**
寵 : 사랑할 **총**　　增 : 더할 **증**　　抗 : 막을 **항**　　極 : 다할 **극**

90 태욕근치 임고행즉 殆辱近恥 林皐幸卽

> 남의 윗자리에 오르면 모함을 받기 쉽다.
> 이럴 때에는 관직을 버리고 홀가분하게 쉼이 좋다.

이 시는 위태롭고 욕된 일이 있으면 부끄럽고 수치스러운 일이 가까워진 것이니, 될 수 있는 대로 빨리 관직에서 물러나 숲이 우거진 조용한 곳을 찾아 편안하고 한가롭게 지내라는 뜻으로 풀이할 수 있습니다.

예로부터 윗자리에 오르면, 그보다 윗자리에 있는 사람으로부터는 주목을, 그 아랫사람으로부터는 질투심어린 시선을 받게 되는 수가 많습니다.

그러므로 자기에게 혹시 조그만 잘못이라도 있다면, 그것이 크게 문제가 되기 전에 스스로 물러나는 것이 좋다는 뜻입니다.

한자학습

殆 : 위태할 **태**   辱 : 욕할 **욕**   近 : 가까울 **근**   恥 : 부끄러울 **치**
林 : 수풀 **림**   皐 : 언덕 **고**   幸 : 다행할 **행**   卽 : 곧 **즉**

91 양소견기 해조수핍 兩疏見機 解組誰逼

> 오래도록 앉아 있던 벼슬자리를 버렸으니,
> 누가 그들을 다시 헐뜯고 못살게 굴랴.

'양소'란 중국 한나라 성제 때의 소광과 소수를 가리키는 것입니다.

소광은 5년 동안 벼슬을 한 후 조카가 되는 소수에게,

"우리는 벼슬을 하면서 지금까지는 남의 욕을 듣지 않았지만, 앞으로 어떤 일이 일어날지 알 수 없는 일이다. 그러니 벼슬자리에서 물러나자."

라고 하며 고향으로 돌아갔습니다.

이 말을 들은 임금은 이들에게 많은 재물을 내렸는데, 소광은 이것마저 친구들에게 나누어 주었다고 합니다.

벼슬살이를 잘 한 교훈적인 이야기입니다.

한자학습

| 兩 : 두 양 | 疏 : 트일 소 | 見 : 볼 견 | 機 : 때 기 |
| 解 : 풀 해 | 組 : 짤 조 | 誰 : 누구 수 | 逼 : 핍박할 핍 |

92
색거한처 침묵적료 索居閑處 沈默寂寥

조용한 곳을 찾아 한가하게 사니,
말소리조차 들리지 않고 고요하기만 하다.

이것은 앞에서와 마찬가지로 부질없는 일에 매달리지 말고 홀연히 떠나 조용하게 살 것을 권유한 시입니다.

옛날에는 관리들이 흔히 좋지 못한 일이 일어나면 벼슬자리를 버리고 홀로 시골로 내려가서 조용히 책을 읽거나 글을 쓰면서 지내는 경우가 많았습니다. 따라서 그들로부터 위대한 저서가 많이 나왔습니다.

한자학습

索 : 찾을 **색**　　居 : 살 **거**　　閑 : 한가할 **한**　　處 : 곳 **처**
沈 : 잠길 **침**　　默 : 잠잠할 **묵**　　寂 : 고요할 **적**　　寥 : 쓸쓸할 **료**

93
구고심론 산려소요　求古尋論 散慮逍遙

옛 어른들의 글을 읽어 참 도리를 알고,
근심 걱정을 버리고 마음 편히 노닌다.

　공자의 말씀을 모은 《논어》에 보면
　"나는 나면서부터 무엇을 알고 있었던 사람이 아니라, 옛 일을 알기를 좋아하고 힘써 그것을 재빨리 알아낸 사람이다."
라는 말이 있습니다.
　공자와 같이 훌륭한 사람도 옛 일을 배우기 좋아하고 힘써서 훌륭한 사람이 되었다면, 우리는 보다 더 옛 일을 배우는 데 힘을 기울여야 할 것입니다. 옛 일을 많이 알고 있으면 있을수록 새로운 일을 하는 데 많은 도움이 되는 것입니다.

한자학습

求 : 구할 **구**　　古 : 옛 **고**　　尋 : 찾을 **심**　　論 : 의논할 **론**
散 : 흩어질 **산**　慮 : 생각할 **려**　逍 : 거닐 **소**　遙 : 거닐 **요**

94 흔주루견 척사환초 欣奏累遣 感謝歡招

기쁜 일이 많아지고 귀찮은 일이 멀어지니,
근심을 떨쳐 버리고 즐거움을 불러들인다.

옛날 책에 보면, 사람이란 적당하게 만족할 줄 알아야만 욕되고 치사스러운 일을 당하지 않게 된다고 했습니다.

누구나 세상일에 너무 매달리지 말고, 늘 원만하게 욕심을 부리지 말아야 마음이 편안해진다는 것을 가르치는 시입니다.

이 같은 생각으로 세상을 살아가는 사람은, 물질의 많고 적음에 그다지 관심을 기울이지 않고 오직 마음의 고요함과 편안함을 위해서 노력합니다.

사람이 마음의 평안함을 위해서 모든 일을 탓하지 않는다면 남과 다툴 일도 없을 뿐더러 언제나 기쁜 마음으로 살아갈 수 있을 것입니다.

한자학습

欣 : 기뻐할 흔   奏 : 아뢸 주   累 : 여러 루   遣 : 보낼 견
感 : 근심할 척   謝 : 사례할 사   歡 : 기쁠 환   招 : 부를 초

95
거하적력 원망추조 渠荷的歷 園莽抽條

> 개천에 핀 연꽃은 깨끗하고도 밝고,
> 동산에 우거진 초목은 높고도 꿋꿋하다.

'하' 자는 원래 연꽃의 잎으로서 흔히 '연'이라는 뜻으로 쓰이고 있습니다. 그러나 여기서는 연꽃으로 풀이하였습니다. 깨끗하고 밝게 피어 있는 연꽃과 꿋꿋하게 자라 우거져 있는 초목의 모습을 설명하면서, 세상이 아무리 어지러워도 몸가짐을 조심하면 깨끗하게 살 수 있다는 것을 나타내 주고 있습니다.

연꽃은 원래 진흙구덩이에서 피는 꽃인데 비록 뿌리는 진흙구덩이에 박고 있을지라도 물 위에 피어 있는 꽃만은 아름답습니다.

이와 같이 사람도 비록 어지러운 세상에서 살고 있으나 마음먹기에 따라서는 착하고 어질게 살아갈 수도 있습니다.

한자학습

渠 : 개천 거   荷 : 연꽃 하   的 : 밝을 적   歷 : 지낼 력
園 : 동산 원   莽 : 풀 망   抽 : 뺄 추   條 : 가지 조

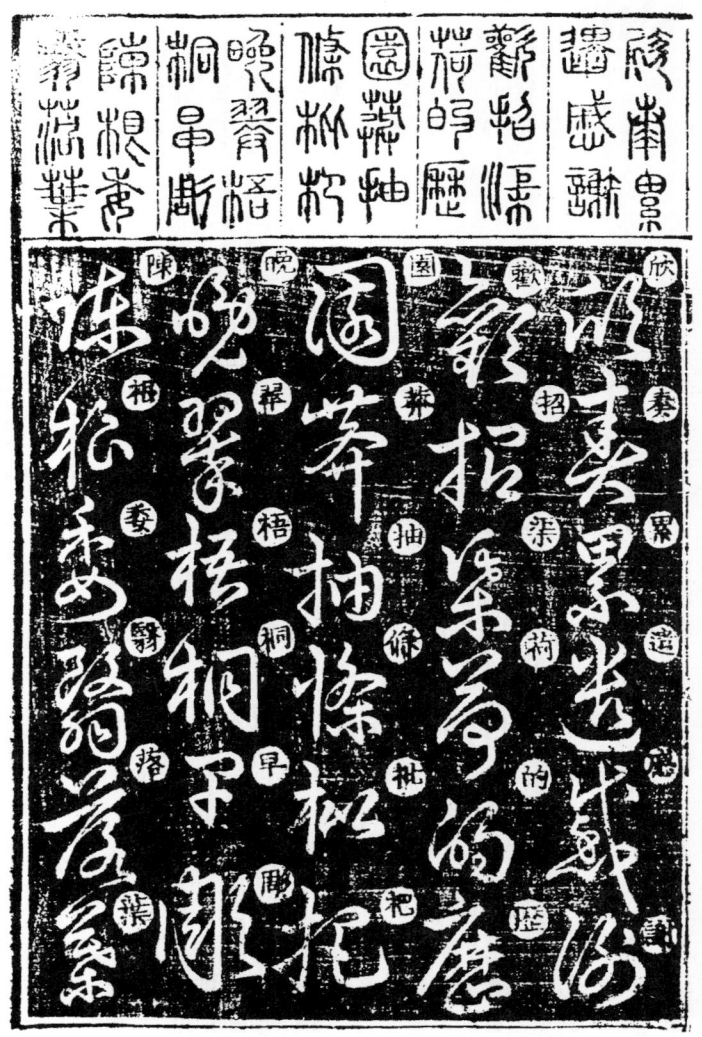

96
비파만취 오동조조 枇杷晚翠 梧桐早凋

비파나무는 오래도록 푸르게 서 있고,
오동나무는 이내 시들어 잎새가 떨어진다.

비파의 잎새는 악기인 비파와 생김새가 비슷한데, 다른 풀이나 나무가 모두 말라 가는 때에 더욱 그 푸름을 자랑합니다. 더욱이 초겨울부터는 향기가 있는 하얀 꽃이 핍니다. 그래서 흔히 남달리 어진 사람을 비파에 견주어 말하기도 합니다.
　한편 오동나무는 푸르고 싱싱한 잎새를 피웠다가는 곧 시들어 버립니다.
　중국의 《군방보》에 보면,
　"오동나무 잎새 하나가 떨어지는 것을 보고 가을이 된 것을 알게 된다."
라고도 했습니다.

한자학습

枇 : 비파나무 **비**　　杷 : 비파나무 **파**　　晩 : 늦을 만　　翠 : 푸를 **취**
梧 : 벽오동나무 **오**　桐 : 오동나무 **동**　　早 : 이를 **조**　凋 : 시들 **조**

97 진근위예 낙엽표요 陳根委翳 落葉飄颻

해묵은 나무 뿌리는 땅 위에 버려졌고,
잎새는 떨어져 바람에 휘날린다.

가을과 겨울의 자연, 특히 나무의 모습을 설명한 글입니다. 나무는 죽으면 시들어 버립니다. 또한 나무가 뿌리를 박고 자라던 땅이 파헤쳐져 뿌리가 송두리째 드러나 이리저리 뒹굴고 있는 모습도 볼 수 있습니다.

무엇이든지 쓸모없게 되면 나무와 같이 된다는 것을 깨우쳐 주는 글입니다.

한편 나뭇잎도 나무에 붙어서 푸름을 자랑할 때는 싱싱한 생명력이 돋보이지만, 주어진 생명줄이 끊어지게 되면 소슬바람에 날려서 이리저리 뒹굴게 됩니다.

이 시는 계절과 자연을 비유해서 사람들의 생활을 반성하게 하는 교훈적인 글입니다.

한자학습

陳 : 묵을 **진**　　根 : 뿌리 **근**　　委 : 버릴 **위**　　翳 : 말라죽을 **예**
落 : 떨어질 **락**　　葉 : 잎 **엽**　　飄 : 나부낄 **표**　　颻 : 흔들릴 **요**

承上節而言見幾辭位者有道賀貪得之樂欲則進累則違感則謝歎則招有間適而無牽繫也

渠荷的歷　園莽抽條
枇杷晚翠　梧桐早凋
陳根委翳　落葉飄颻
游鵾獨運　凌摩絳霄
眈讀翫市　寓目囊箱

承上節感寫林皋之景物見索居間適之樂而其人之襟抱亦如游鵾摩乎雲霄高不可攀也

此承上文求古尋論而言漢王充家貧無書嘗游洛陽書肆閱所賣書一見輒記憶囊箱皆貯書者

98 유곤독운 능마강소 遊鵾獨運 凌摩絳霄

고니는 높이 솟아 하늘을 휘젓는다.
하늘의 푸름과 높음을 비웃기나 하듯.

'곤'은 두 가지로 해석하고 있습니다. 하나는 글자 그대로 고니를 칭한 것으로서 세 자나 되는 큰 닭을 말하고, 또 하나는 곤이라는 물고기로서 이것은 나중에 붕이라는 새로 변하는데, 이 새의 등은 너무 넓어 하늘 높이 오르면 그 날개가 마치 구름과 같았다고 합니다.

그러나 여기서는 비록 작은 새일지라도 한번 하늘 높이 치솟으면 세상에 부러울 것이 없다는 뜻으로, 사람도 이와 같이 마음을 넓게 갖고 높은 곳을 향해 살아가야 한다는 것을 가르치고 있습니다.

한자학습

遊 : 놀 유　　鵾 : 고니 곤　　獨 : 홀로 독　　運 : 운전 운
凌 : 능멸 능　　摩 : 만질 마　　絳 : 붉을 강　　霄 : 하늘 소

99 탐독완시 우목낭상 耽讀翫市 寓目囊箱

독서하기 위해서 돈 없이 서점을 찾아간다.
한 번 읽으면 머리가 주머니 같아 그 속에 담겨진다.

이것은 중국의 왕충이라는 사람의 이야기입니다.
왕충은 한나라 때 학자로서 《논충》을 지었습니다.
그는 어려서 집이 너무나 가난하여 읽고 싶은 책을 살 형편이 못 되었습니다. 하는 수 없이 그는 거리의 책가게로 가서 팔려고 내놓은 책을 이리저리 뒤적이며 읽어야 했는데, 한 번 읽은 내용은 좀처럼 잊지 않았기 때문에 독서한 결과가 되었다고 합니다.
공부하는 사람이면 누구나 많은 책을 읽어야 하는데, 책 살 돈이 없어서 책을 읽지 못한다는 것은 핑계가 될 수 없다는 것을 말해 주는 글입니다.

한자학습

耽 : 즐길 **탐**　　讀 : 읽을 **독**　　翫 : 구경 **완**　　市 : 저자 **시**
寓 : 붙일 **우**　　目 : 눈 **목**　　囊 : 주머니 **낭**　　箱 : 상자 **상**

100 이유유외 속이원장 易輶攸畏 屬耳垣墻

쉬운 일이라도 소홀히 하지 말 것이며, 발 없는 말이 천리 간다는 것을 알아야 한다.

이 글은 아무리 쉬운 일이라도 가볍게 생각하지 말고 오히려 두려워하라는 뜻입니다. 사실 우리는 어떤 일이 쉽게 해결되면 그것을 대수롭지 않게 생각하는 경우가 있습니다.

그러나 쉽게 해결될 일도 때로는 아주 어렵게 될 수가 있는데, 이것을 미연에 방지하기 위해서는 아무리 작은 일이라도 신중히 다루어야 합니다. 그리고 남의 말을 함부로 한다거나 비밀을 말해서도 안 됩니다. 한 사람에게만 알려주고자 했던 것이 결국 여러 사람들이 알게 되어 세상을 어지럽게 하는 수도 종종 있습니다.

한자학습

易 : 쉬울 이   輶 : 가벼울 유   攸 : 곳 유   畏 : 두려울 외
屬 : 붙일 속   耳 : 귀 이   垣 : 담 원   墻 : 담장 장

101
구선손반 적구충장 具膳飱飯 適口充腸

먹을 것을 갖추어 끼니를 이어 간다.
입에 맞아 배를 채우면 그만이다.

《회남자》에는,
"가난한 사람은 여름에 굵은 베옷을 입고 새끼로 허리를 졸라매고, 콩밥을 먹고 물을 마셔 겨우 창자를 채워 더위를 이긴다."
라고 했는가 하면 《논어》에는,
"어진 사람은 먹는 데 배부른 것을 찾지 않고, 사는 곳의 편안함을 탐내지 않는다."
라고 했습니다.

가난도 너무 지나치면 오히려 좋지 못한 결과를 가져오지만, 먹는 것에 너무 치중한다거나 사는 집을 지나치게 찬란하게 꾸미는 것도 좋지 못한 일입니다. 지나치게 좋은 음식을 너무 많이 먹으면 오히려 몸에 해롭다는 것을 말해 주고 있습니다.

한자학습

| 具 : 갖출 구 | 膳 : 반찬 선 | 飱 : 밥 손 | 飯 : 밥 반 |
| 適 : 맞을 적 | 口 : 입 구 | 充 : 채울 충 | 腸 : 창자 장 |

易輶攸畏 屬耳垣牆

具膳湌飯 適口充腸
飽飫烹宰 飢厭糟糠
親戚故舊 老少異糧

此言言語之謹亦持身之道也易忽也輶輕也詩大雅云德輶如毛小雅云君子無易由言耳屬於垣言語為輕忽此正所當畏者雖隔垣牆而聽者連屬其間出我之口即入人之耳矣

此下十節皆言治家之道此言飲食之節也言膳與飯本藉以適口充腸而已故飽則雖烹宰而亦厭飢則雖糟糠而亦飫厭豆文見義也異糧承上親戚故舊老少而言就親故舊而言其異所謂宴容不可不豊备奉

102 포어팽재 기염조강 飽飫烹宰 飢厭糟糠

> 배가 부르면 좋은 오리도 먹기 싫고,
> 배가 고프면 아무것이나 다 맛있다.

너무 맛있는 것만 골라 먹으려는 것을 나무란 글입니다.

아무것이나 사람이 먹을 수 있는 것으로 배불리 먹으면 되는데 꼭 맛있는 것만을 골라 먹는다는 것은 사치스러운 일입니다.

사람이 배가 고프면 무엇이든 맛있게 먹을 수 있으나, 반대로 배가 부를 때에는 아무리 맛있는 음식을 차려 놓아도 먹을 수가 없습니다. 우리는 이런 경우를 두고 '시장이 반찬'이라는 말을 씁니다. 배가 고파서 시장기가 있을 때에는 반찬이 없어도 밥을 맛있게 먹을 수 있다는 뜻입니다.

한자학습

飽 : 배부를 포   飫 : 먹기 싫을 어   烹 : 삶을 팽   宰 : 재상 재
飢 : 주릴 기   厭 : 싫어할 염   糟 : 지게미 조   糠 : 겨 강

103
친척고구 노소이량 親戚故舊 老少異糧

친척이나 친구들을 대접할 때에는,
늙은이와 젊은이의 음식을 달리해야 한다.

'친척'이란 아버지의 집안 식구들을 이르는 '친'과 어머니의 집안 식구들을 이르는 '척'을 합친 말이나, 흔히 그보다 더 여러 사람을 이르는 것이 보통입니다.

한편 옛날 책을 보면 늙은이란 나이 예순이 넘은 사람이요, 젊은이란 나이 열두 살보다 아래라고 했습니다.

여기서 늙은이와 젊은이의 먹는 것을 달리해야 한다는 것은 웃어른을 공경하는 마음에서도 그렇지만, 나이가 많은 사람의 음식은 부드러워야 한다는 뜻이기도 합니다. 우리는 늘 친척에 대한 예절을 잊지 말아야 합니다.

한자학습

親 : 친할 **친**   戚 : 겨레 **척**   故 : 연고 **고**   舊 : 옛 **구**
老 : 늙을 **로**   少 : 젊을 **소**   異 : 다를 **이**   糧 : 양식 **량**

104 첩어적방 시건유방 妾御績紡 侍巾帷房

> 여자들은 길쌈과 살림을 하고,
> 남편을 섬겨야 한다.

원래 '첩어'란 첩과 시녀를 가리켰습니다. 따라서 '아내'와는 다르나 여기서는 아내라고 보아야 하며, 여자들이 할 일을 설명하고 있습니다.

옛날 여자들은 길쌈과 바느질을 잘 해야 남의 아내가 될 수 있었으며 다음으로 남편을 잘 섬겨야 했습니다. 한 번 아내가 되면 죽을 때까지 그 남편을 위해서 몸과 마음을 바쳐야 했습니다. 길쌈을 하고 살림을 하는 것 모두가 남편을 위해서였습니다.

따라서 이 일을 성실하게 하지 못하면 아내로서 도리를 다하지 못했다 하여 심한 구박을 받았습니다.

한자학습

妾 : 첩 **첩**   御 : 모실 **어**   績 : 길쌈 **적**   紡 : 길쌈 **방**
侍 : 모실 **시**   巾 : 수건 **건**   帷 : 휘장 **유**   房 : 집 **방**

105 환선원결 은촉위황 紈扇圓潔 銀燭煒煌

둥글고 깨끗한 부채가 놓인 방을
은빛 찬란한 촛불이 휘황찬란하게 비춘다.

　방 안의 장식을 설명한 글입니다. 우선 흰 비단으로 잘 만든 부채를 설명하고 있습니다. 여기서 말하는 '환선'이란 옛날 중국에서 흔히 볼 수 있었던 부채로, 달처럼 둥글고 깨끗했습니다. 이런 부채가 놓인 방 안에 환한 빛을 발하는 촛불이 비치니 그것이 휘황찬란하게 보인다는 내용의 글입니다.
　이것은 방 안에 비록 여러 가지 다른 가구가 없더라도 필요한 것만 알맞게 있으면 그만이라는 것을 가르치는 시입니다.

한자학습

紈 : 흰 비단 **환**　　**扇** : 부채 **선**　　**圓** : 둥글 **원**　　**潔** : 깨끗할 **결**
銀 : 은 **은**　　**燭** : 촛불 **촉**　　**煒** : 빛날 **위**　　**煌** : 빛날 **황**

106
주면석매 남순상상 晝眠夕寐 藍筍象床

> 낮에는 낮대로 밤에는 밤대로 또 잠을 잔다.
> 상아로 만든 침대와 대 자리는 잠자기에 편하다.

'남순'이란 푸른 대쪽을 엮어서 만든 자리를 말하고, '상상' 이란 여기서는 코끼리의 앞니인 상아로 장식한 침대를 가리킵 니다. 상아는 예로부터 귀한 장식으로 쓰여 왔습니다.

따라서 여기서 침대를 상아로 만들었다는 것은 그만큼 화려 하게 꾸몄다는 뜻입니다.

낮에는 한가하여 낮잠을 자고 밤이면 침소에서 잠을 자는데, 대로 만든 자리며 상아로 만든 침대가 있어 잠자리가 편안하다 는 뜻입니다.

한자학습

晝 : 낮 **주**　　眠 : 졸 **면**　　夕 : 저녁 **석**　　寐 : 잘 **매**
藍 : 쪽 **남**　　筍 : 대순 **순**　　象 : 코끼리 **상**　　床 : 평상 **상**

107 현가주연 접배거상 絃歌酒讌 接杯擧觴

> 잔치에는 거문고와 노래가 있고,
> 잔에는 술이 찼다 비었다 하며 돌아간다.

'현가'란 거문고를 타면서 이에 맞추어 부르는 노래를 말하고, '주연'이란 손님을 청해 술을 마시는 것을 뜻합니다. 여기서는 잘 꾸며진 방 안에 손님들을 청해 놓고 술을 마시는 모습을 설명하고 있습니다.

한가한 때 가까운 친구들을 청해 한 자리에 앉아 거문고를 뜯으면서 노래를 부르고 술을 마시는 것은 옛날 선비들이 즐겨 하던 일이었습니다. 이때 주인이 술잔에 술을 가득히 부어서 손님에게 건네 주며, 손님은 그것을 받아 잔을 비우고 나서 다시 술을 부어 건네었습니다.

한자학습

絃 : 줄풍류 현　　歌 : 노래 가　　酒 : 술 주　　讌 : 잔치 연
接 : 접붙일 접　　杯 : 잔 배　　擧 : 들 거　　觴 : 잔 상

108 교수돈족 열예차강 矯手頓足 悅豫且康

> 손을 들고 발을 구르며 춤을 추니,
> 그 어찌 기쁘고 행복하지 아니하랴.

앞에서는 손님들을 청해 술자리를 베푼다고 했습니다. 이때 모두가 흥에 취하면 자연스럽게 춤을 추게 될 것입니다.

여기서는 이런 흥겨운 모습을 설명하고 있습니다.

지금까지 사람이 살아가는 데 있어 집안에서의 즐거운 일들을 설명했습니다.

그러나 너무 노는 데만 정신을 팔아도 안 되겠지만, 그렇다고 즐겁게 놀 수 있는 일이 전혀 없어도 사는 즐거움이 없을 것입니다.

한자학습

| 矯 : 들 교 | 手 : 손 수 | 頓 : 두드릴 돈 | 足 : 발 족 |
| 悅 : 기쁠 열 | 豫 : 미리 예 | 且 : 또 차 | 康 : 편안할 강 |

109 적후사속 제사증상 嫡後嗣續 祭祀蒸嘗

> 맏아들은 조상의 대를 이어,
> 가을과 겨울에 제사를 드려야 한다.

'적후'란 바른 절차를 거친 아내가 낳은 아들을 말합니다.

옛날에는 남편이 여러 아내를 거느릴 수 있었는데, 이때 가장 정당한 절차를 거친 아내와의 사이에서 태어난 아들을 이른바 '적자'라 하였습니다. 그리고 그에게는 조상의 대를 이을 권리가 주어졌으나, 다른 아내에게서 태어난 아들에게는 권리가 인정되지 않았습니다.

따라서 적자는 한 해에 두 번씩 가을과 겨울에 조상에게 제사를 올려야 했는데, 가을에 드리는 제사를 '상', 겨울에 드리는 제사를 '증'이라 하였습니다.

한자학습

嫡 : 맏아들 **적**   後 : 뒤 **후**   嗣 : 이을 **사**   續 : 이을 **속**
祭 : 제사 **제**   祀 : 제사 **사**   蒸 : 찔 **증**   嘗 : 맛볼 **상**

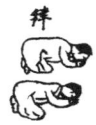
110 계상재배 송구공황 稽顙再拜 悚懼恐惶

머리가 땅에 닿도록 두 번 절하니,
송구스럽고 두려운 마음 그지없다.

'계상'이란 엎드려서 이마를 땅에 대고 잠시 있다가 천천히 머리를 다시 드는 것을 말합니다. 슬픈 일을 당해 설움이 복받

쳐 어찌할 바를 모를 때의 모습으로, 대개 제사를 드릴 때도 이렇게 절을 합니다.

《예기》에 보면,

"제삿날 방에 들어가면 이미 돌아가신 어른이 그 자리에 계신 듯하고, 한 바퀴 돌아 문 밖으로 나서려면 그 어른의 엄숙한 음성이 들리는 듯하고, 밖에 나와 들으면 엄연히 그 탄식하는 목소리가 들리는 듯하다."

라고 했습니다. 제사를 드릴 때에는 경건한 마음가짐을 지녀야 한다는 가르침입니다.

한자학습

稽 : 머리숙일 **계**   顙 : 이마 **상**   再 : 두 **재**   拜 : 절 **배**
悚 : 두려울 **송**   懼 : 두려울 **구**   恐 : 두려울 **공**   惶 : 두려울 **황**

111 전첩간요 고답심상 牋牒簡要 顧答審詳

> 남에게 보내는 편지는 간단하게 쓰고,
> 물음에 대답할 때에는 자세하면서도 공손하게 한다.

'전첩'은 다른 사람과의 사이에 주고받는 편지라는 뜻인데, 특별히 '전'은 편지가 아닌 다른 글을 적은 문서로도 생각할 수 있습니다. 그러나 두 가지 모두 자기의 생각한 바를 글로 적어 다른 사람에게 알린다는 점에서는 같습니다.

다시 말하면, 우리는 자기의 생각한 바를 다른 사람에게 알려야 할 때가 있습니다. 이때 어떻게 하는 것이 가장 좋은 방법인가를 설명한 글입니다. 만일 그 상대가 가까이 있다면 직접 만나 말로써 자세하면서도 공손하게 그 뜻을 전해야 하고, 먼 곳에 있다면 편지로써 그 뜻을 간단하면서도 정확하게 알려야 한다는 것입니다.

한자학습

牋 : 편지 **전**　　牒 : 편지 **첩**　　簡 : 대쪽 **간**　　要 : 구할 **요**
顧 : 돌아볼 **고**　　答 : 대답 **답**　　審 : 살필 **심**　　詳 : 자세할 **상**

112
해구상욕 집열원량 骸垢想浴 執熱願凉

몸의 때는 목욕하여 씻어 버리고 싶고,
뜨거운 것을 쥐면 찬 것을 만지고 싶어진다.

'해구'는 몸에 낀 때를 말하지만, 그 다음의 '상욕'은 단순히 목욕할 것을 생각한다는 뜻이 아닙니다.

《예기》에 보면,

"어버이의 몸에서 나오는 더러운 것을 남에게 보이지 않고, 닷새마다 물을 데워서 목욕을 시켜 드리고, 사흘마다 몸을 닦아 드린다. 그 동안에라도 얼굴에 때가 묻었으면 물을 데워 닦기를 청하고, 발이 더러우면 역시 물을 데워 닦기를 청한다."

라고 했습니다.

骸 : 몸 **해**	**垢** : 때 **구**	**想** : 생각 **상**	**浴** : 목욕 **욕**
執 : 잡을 **집**	**熱** : 더울 **열**	**願** : 바랄 **원**	**凉** : 서늘할 **량**

113 여라독특 해약초양 驢騾犢特 駭躍超驤

> 나귀와 노새, 송아지와 황소가
> 무엇에 놀라 고개를 들고 뛰고 있다.

    나귀, 노새, 송아지, 그리고 황소는 모두 사람들이 기르는 동물입니다. 사람은 이들 동물을 기르다가 필요할 때에는 이를 부리기도 합니다. 따라서 이 같은 동물이 많다는 것은 그만큼 잘 산다는 것을 뜻합니다.

    소는 밭을 갈 때 한몫을 하고, 나귀는 짐을 실어 나를 때 한몫을 합니다.

    평화스러운 생활을 나타낸 시라고 볼 수 있습니다.

한자학습

驢 : 나귀 려　　騾 : 노새 라　　犢 : 송아지 독　　特 : 수소 특
駭 : 놀랄 해　　躍 : 뛸 약　　超 : 뛰어넘을 초　　驤 : 달릴 양

114 주참적도 포획반망 誅斬賊盜 捕獲叛亡

> 남의 물건을 훔친 도둑을 죽이고,
> 나라를 배반하고 도망치는 놈을 잡아들인다.

우리가 흔히 '도둑'이라고 하는 말은 여기에 나오는 '적도'를 뒤집은 말입니다.

'적'은 남을 해치고도 마음에 거리낌이 없는 나쁜 사람을, '도'는 남의 물건을 훔친 사람을 뜻합니다.

한편 '반망'의 '반'은 임금을 배반하고 자기가 임금 노릇을 하려는 사람을, '망'은 나쁜 일을 저지르고 도망가는 사람을 뜻합니다.

사람은 누구나 좋지 못한 일, 그것도 남에게 해가 되는 나쁜 짓을 하면 결국은 그만한 죄를 받게 됩니다. 나라를 해롭게 하는 사람은 더욱 그렇습니다.

한자학습

誅 : 벨 **주** 　　斬 : 벨 **참** 　　賊 : 도적 **적** 　　盜 : 도적 **도**
捕 : 사로잡을 **포** 　獲 : 얻을 **획** 　叛 : 배반할 **반** 　亡 : 도망할 **망**

115 포사료환 혜금완소 布射遼丸 嵇琴阮嘯

여포는 활을 잘 쏘고 웅의료는 방울 굴리기에 뛰어나고, 혜강은 거문고를 잘 타고 완적은 휘파람을 잘 불었다.

'포'란 '여포'를 말하는데, 그는 중국 후한 때의 사람으로 활쏘기에 뛰어났다고 합니다. 그의 전기를 보면, 유비가 원술과 싸울 때 여포에게 도움을 청했더니 단번에 활을 쏴 적을 물리쳤다고 합니다.

그리고 '요'는 웅의료로서 방울을 굴리는 데 또한 뛰어난 솜씨가 있다고 합니다. 초나라가 위태롭게 되어 그가 적군 앞에서 방울을 굴리자, 적은 이것을 쳐다보고 있다가 초나라 군사의 공격을 받아 패했다고 합니다.

한편 '혜금'은 혜강의 거문고를 가리키고, '완소'는 완적이라는 사람이 휘파람으로 노래를 잘 불렀다는 데서 따온 말입니다.

한자학습

布 : 베 포　　射 : 쏠 사　　遼 : 멀 료　　丸 : 탄자 환
嵇 : 성 혜　　琴 : 거문고 금　　阮 : 성 완　　嘯 : 휘파람 소

法中外所重中國向以捕廳及差役專管緝捕之事西
政則有巡捕有捕房平日站立租界照料街市及小有
爭鬪皆歸管理遇有盜賊則由巡警兵捕之故中國各
省近皆設巡警營南京師特設巡警部置尚書侍郎以
督率之其視警務可謂重矣

布射遼丸　嵇琴阮嘯
恬筆倫紙　鈞巧任妙
釋紛利俗　竝皆佳妙

此言技術之利用漢呂布樹戟於營門外射之一發中
小枝熊宜僚善弄丸八者常在空中一在手晉嵇康善
彈琴嘗遊洛西遇異人授以廣陵散聲調絕倫晉阮籍
善嘯蘇陳留有阮公嘯臺嘯者口出聲也博物志云蒙恬
造筆漢和帝時常侍蔡倫作紙以漁網及敝布之屬為

捕房

116 염필륜지 균교임조 恬筆倫紙 鈞巧任釣

> 몽념은 붓을, 채륜은 종이를 만들었고,
> 마균은 목공 기술에, 임공자는 낚시질에 뛰어났다.

'염필'은 진나라 때의 몽념이 붓을 만들었다는 것을 나타낸 말이고, '륜지'는 후한 때의 채륜이 종이를 만들었다는 것을 나타낸 말입니다.

채륜은 서기 105년에 종이를 발명하여 종이의 발명가로서 널리 알려진 사람입니다.

한편 '균교'는 한나라 때 마균이 나무를 깎아서 미술품을 만드는 재간이 있었음을 나타낸 말이고, '임조'는 임공자란 사람이 낚시를 잘 했음을 나타낸 말입니다.

한자학습

恬 : 편안할 념　　筆 : 붓 필　　倫 : 인륜 륜　　紙 : 종이 지
鈞 : 무거울 균　　巧 : 공교할 교　　任 : 맡길 임　　釣 : 낚시 조

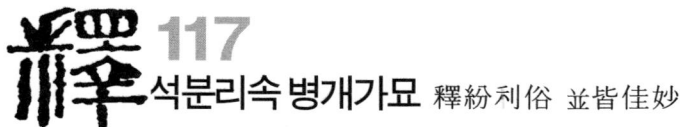

117 석분리속 병개가묘 釋紛利俗 並皆佳妙

어려움을 해결하고 나라를 도왔으니,
모두가 아름답고 신묘한 일들이다.

앞에서 설명한 대로 여포는 활을 잘 쏘아서 나라의 위태로움을 해결했고, 웅의료는 방울 굴리기를 잘 해서 적군을 물리쳤습니다.

또한 몽념은 글씨를 쓰는 데 필요한 붓을, 채륜은 종이를 만들었으므로, 이 모두가 아름답고도 신기하고 묘한 일들이라는 뜻입니다.

한자학습

釋 : 풀 **석**   紛 : 어지러울 **분**   利 : 이로울 **리**   俗 : 풍속 **속**
並 : 아우를 **병**   皆 : 다 **개**   佳 : 아름다울 **가**   妙 : 묘할 **묘**

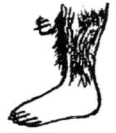

118 모시숙자 공빈연소 毛施淑姿 工嚬姸笑

모장과 서시는 빼어난 미인으로, 얼굴을 찌푸려도 매양 아름다워 보인다.

'모시'는 아름다운 여자를 말하는데, '모'는 월나라 임금의 첩이었던 '모장'을, '시'는 오나라 임금의 첩이었던 '서시'를 가리킨 것입니다.

서시는 원래 나무꾼의 딸인데, 모장을 데리고 살던 월나라 임금 구천이 오나라와의 싸움에서 지자, 아름답기로 유명한 서시를 오나라 임금에게 바쳐 그의 마음을 사로잡게 하여 정치를 어지럽혔다고 합니다.

그런데 얼굴을 찌푸려도 아름다워 보였다는 말은, 《장자》의 "서시가 근심이 있어 눈살을 찌푸렸더니 못생긴 여자가 이를 보고 흉내를 냈다." 라는 데서 나온 말입니다.

한자학습

毛 : 터럭 **모**　　施 : 베풀 **시**　　淑 : 맑을 **숙**　　姿 : 모양 **자**
工 : 장인 **공**　　嚬 : 찡그릴 **빈**　　姸 : 고울 **연**　　笑 : 웃음 **소**

119
연시매최 희휘랑요 年矢每催 羲暉朗曜

> 세월은 화살같이 쉴 새 없이 흘러가고,
> 아침마다 떠오르는 태양은 더욱 빛나네.

이것은 글의 뜻으로 보아 태양이 뜨는 것을 먼저 말하고, 다음에 세월이 빠르다는 것을 말해야 하겠으나, 한자로 시를 지을 때의 격식에 따라서 이렇게 바꿔 놓은 것입니다.

세월은 마치 화살같이 빨라, 일단 오늘이 지나가면 영원히 오늘은 다시 돌아오지 않는 것입니다. 그러므로 시간을 아껴서 열심히 공부해야 한다는 교훈으로 흔히 이 같은 말을 합니다.

옛말에, '늙기는 쉬우나 공부해서 훌륭한 사람이 되기는 어려우니 조그만 틈이라도 헛되이 보내지 말라' 라고 했습니다.

한자학습

年 : 해 년   矢 : 화살 시   每 : 매양 매   催 : 재촉할 최
羲 : 햇빛 희   暉 : 빛날 휘   朗 : 밝을 랑   曜 : 빛날 요

천자문 151

120 선기현알 회백환조 璇璣懸斡 晦魄環照

> 해와 달은 쉬지 않고 돌며 빛을 낸다.
> 다만 달은 그믐이면 숨었다 다시 나온다.

'선기'의 '선'과 '기'는 같은 구슬을 뜻하지만, '선기'로 쓰면 중국 순임금 때 아름다운 구슬로 만들었다는, 하늘을 관측하는 도구를 말합니다. 이것은 뒤에 만들어진 '혼천의'라고 하는 하늘에 떠 있는 해, 달, 별들을 관측하는 기구와 같은 것입니다.

한편 '화백'의 '회'는 그믐을, '백'은 달의 빛이 없는 부분을 말합니다. 다시 말하면 달은 한 달에 한 번씩 그믐이면 빛을 나타내지 않는데, 이것은 달이 숨은 것으로 표현한 것입니다.

하늘에 떠 있는 해와 달의 움직임에 따라 낮과 밤이 되는데, 그것이 쉴 새 없이 계속된다는 뜻입니다.

한자학습

璇 : 구슬 선　　璣 : 구슬 기　　懸 : 매달 현　　斡 : 돌 알
晦 : 그믐 회　　魄 : 넋 백　　環 : 고리 환　　照 : 비칠 조

121
지신수우 영유길소 指薪修祐 永綏吉邵

> 살아가면서 착한 일을 많이 하니,
> 길이길이 복받고 편하게 살게 되네.

《장자》에 보면, 사람이 죽는 것을 땔나무에 비유했고, 하늘과 땅 사이에서 없어지지 않는 넋을 불에 비유했습니다.

땔나무는 한 번 타면 꺼지나 산에서 자라기에 끊임없이 이어지며, 따라서 불도 언제까지나 이어서 타게 마련입니다.

이와 같이 사람의 넋은 앞 사람이 죽으면 다음 사람에게 옮겨져서 영원히 이어져 나간다고 생각하여, 땔나무와 같이 모두 불타 버리기 전에 착한 일을 많이 해서 오래도록 행복을 누려야 한다는 것입니다.

한자학습

指 : 가리킬 지   薪 : 땔나무 신   修 : 닦을 수   祐 : 복 우
永 : 길 영   綏 : 편안할 유   吉 : 길할 길   邵 : 높을 소

122 구보인령 부앙랑묘 矩步引領 俯仰廊廟

웃어른 앞에서는 걸을 때도 옷깃을 여미고,
조상의 사당에서는 절할 때도 조심해야 한다.

'부앙'의 '부'는 고개를 숙여 아래를 내려다보는 것이고, '앙'은 반대로 고개를 쳐들어 위를 바라보는 것입니다. 사람이 절을 할 때에는 고개를 숙였다 쳐들었다 하므로 부앙을 이렇게 해석할 수도 있습니다.

그리고 '랑묘'는 나라 살림을 하는 벼슬아치들이 있는 관청이라고 볼 수도 있습니다.

따라서 사람이 벼슬자리에 있을 때에는 몸가짐을 조심해야 한다는 가르침으로 볼 수 있습니다.

한자학습

矩 : 법 **구**   步 : 걸음 **보**   引 : 이끌 **인**   領 : 거느릴 **령**
俯 : 구부릴 **부**   仰 : 우러를 **앙**   廊 : 행랑 **랑**   廟 : 사당 **묘**

123 속대긍장 배회첨조 束帶矜莊 徘徊瞻眺

정해진 옷차림을 한 때에는 몸가짐도 단정히 해야 하고,
걷고 바라보는 것조차도 조심해야 한다.

  '속대'의 '속'은 정해진 옷, 예컨대 군복이나 관복 같은 것을 갖추어 입는 것을 말하고, '대'는 큰 띠를 두르는 것을 뜻합니다. 따라서 속대란 '정해진 옷을 바르게 입는다.'라는 뜻입니다.

  그리고 '긍장'의 '긍'은 아무리 작은 일일지라도 함부로 하지 않는다는 뜻이고, '장'은 예절을 잘 지켜서 몸가짐을 단정히 한다는 뜻이므로, 사람은 항상 예절을 지켜서 남의 모범이 되도록 힘쓰라는 가르침입니다.

한자학습

束 : 묶을 **속**   帶 : 띠 **대**   矜 : 자랑할 **긍**   莊 : 엄할 **장**
徘 : 배회할 **배**   徊 : 배회할 **회**   瞻 : 쳐다볼 **첨**   眺 : 바라볼 **조**

124 고루과문 우몽등초 孤陋寡聞 愚蒙等誚

배운 것 없고 보고 들을 것 또한 모자란다면, 어리석고 우둔해서 뭇 사람의 꾸지람을 받게 된다.

'고루'는 외롭고 비루하다는 뜻이지만, 여기서는 배운 것도 없고 재간도 없다는 뜻으로 풀이해야 할 것입니다. 그리고 '등초'란 여러 사람에게 꾸지람을 듣거나 남에게 비웃음을 산다는 뜻인데, 여기서는 위의 말을 받아서 공부하여 학문을 쌓지 못한 사람은 업신여김을 당한다는 뜻으로 해석해야 할 것입니다.

천자문을 지은 주흥사가 자신의 학식이 넉넉하지 못하여 이 책의 내용이 풍부하지 못함을 밝힌 바 있으므로, 이 글은 특히 스스로 자신을 반성하며 지은 것으로 보아야 할 것입니다.

한자학습

孤 : 외로울 **고**   陋 : 더러울 **루**   寡 : 적을 **과**   聞 : 들을 **문**
愚 : 어리석을 **우**   蒙 : 어릴 **몽**   等 : 무리 **등**   誚 : 꾸짖을 **초**

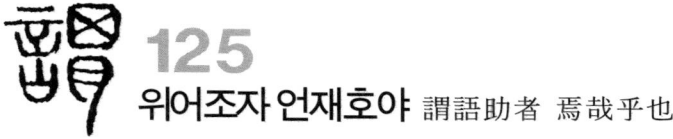

125
위어조자 언재호야 謂語助者 焉哉乎也

한문에는 뜻은 없지만 말을 잇는 조사가 있다.
어찌, 비로소, 라고, 이니라 따위가 그것이다.

여기의 네 자를 뺀 지금까지 익힌 996자를 완전하게 안다면 대충 한자로 글을 지을 수도 있을 것입니다. 그러나 아무리 그것을 완전하게 안다고 하더라도 시를 지을 때나 글을 적을 때 말과 말을 이어 주는 조사를 모른다면 완전한 문장을 만들 수 없을 것입니다. 여기서는 그것에 대하여 설명하고 있습니다.

조사는 비록 특별한 뜻은 없지만 말이나 문장을 잇는 데 없어서는 안 되는 것입니다. 그러므로 이를 적절히 사용하여 완전히 글이 되게 하라는 가르침입니다.

한자학습

謂 : 이를 **위**   語 : 말씀 **어**   助 : 도울 **조**   者 : 놈 **자**
焉 : 어조사 **언**   哉 : 어조사 **재**   乎 : 어조사 **호**   也 : 어조사 **야**

책 끝에

이제까지 천자문에 대하여 모두 이야기했습니다.

여덟 글자씩 풀이한 대로 전체를 생각할 때 이 천자문은, 양나라 주흥사가 지은 한시인데, 각기 다른 1,000개의 글자로써 오묘한 이치를 드러내었습니다. 따라서 한문의 첫걸음으로 소리와 뜻을 배우고 우주의 이치와 사람의 도리를 알게 합니다.

천자문은 글자 그대로 곧이곧대로 해석하면 말이 제대로 이어지지 않고, 그렇다고 해 이를 지나치게 멀리하면 뜻이 전혀 달라지기 때문에 《천자문》에서는 이 두 가지를 고루 나타내는 데 힘썼습니다. 그리고 풀이를 보다 충실히 하기 위해서 다음과 같은 여러 가지 책들을 참고하였습니다.

① 한석봉 천자문 ② 홍태운 주해 천자문 ③ 일성공 주해 천자문 ④ 노여천 주석 천자문 ⑤ 차상원 신석 천자문 ⑥ 이민수 주해 천자문 ⑦ 성동호 신석 천자문 ⑧ 이돈주 주해 천자문.

이렇게 많은 천자문의 풀이를 참고하다 보니 책마다 그 풀이가 조금씩 달라 과연 어떤 것을 좇아야 할지 망설인 적도 한두 번이 아니었으나, 되도록 이해하기 쉬운 쪽을 택하였습니다.
　그리고 천자문에 대해서 한 가지 밝혀 두고 넘어갈 것은, 우리나라 백제 때 왕인 박사가 일본에 《논어》와 《천자문》을 가지고 가서 그 나라 왕손들에게 가르쳤다는 기록이 있는데, 이는 주홍사가 지은 천자문이 아니고 다른 여러 가지 천자문 중의 하나로 보아야 한다는 것입니다. 왜냐하면 왕인 박사는 주홍사보다 백 수십 년이나 앞서 살았던 사람이기 때문입니다.
　끝으로 이 책을 읽는 여러분은 한자를 열심히 익혀서 도움을 받을 수 있기 바랍니다.

1992년 10월
안춘근

천자문 백과

여러분들은 할머니에게서 들은 옛이야기가 많이 있을 것입니다. 그 중에는, 한석봉의 어머니가 등불을 끄고 떡을 썰면서 석봉에게 글씨를 쓰게 하고, 썰어 놓은 떡과 석봉이 쓴 글씨를 견주어 본 일을 알고 있을 것입니다. 어머니가 썬 떡은 모두 두께가 같고 모양이 다 듬어져 있는 데 비해서, 석봉이 쓴 글씨는 비뚤어지고 글자의 모양이 엉망이었습니다. 그것을 보고 석봉이 더욱더 글씨공부에 힘을 써, 나중에 유명한 명필이 되었다는 얘기가 오늘날까지 전해지고 있습니다. 그러면 그때 석봉이 쓴 글씨는 무슨 글씨일까요? 바로 한자로 된 글씨였고, 그 글자들은 바로 석봉이 평소에 공부하면서 보고, 읽고, 쓰기의 본보기로 하였던 천자문千字文에 있는 글귀였습니다. 이렇게 우리의 옛 선인들은 천자문을 열심히 공부하였던 것입니다.

천자문을 처음 지은 사람은 중국 양나라 때의 선비인 주흥사周興嗣로 알려져 있습니다. 오늘날에 가장 많이 쓰이고 있는 천자문은 바로 이 주흥사가 지은 천자문입니다. 그런데 일본의 역사책을 보면, 서기 285년에 백제의 왕인王仁 박사가 일본으로 천자문과《논어

論語》라는 책을 가지고 갔다고 씌어 있습니다. 285년이라면, 중국의 주흥사가 세상에 태어나기 이전의 일입니다.

 그렇다면 주흥사가 천자문을 짓기 이전에 이미 천자문을 지은 다른 사람이 있었다는 얘기가 됩니다. 중국에서 나온 도서목록을 보면, 주흥사 이전에도 소자범蕭子範과 같은 선비가 지은 천자문도 있었다고 하였으니, 여러 사람들이 천자문을 지었던 일이 있는 모양입니다. 주흥사의 천자문이 나온 뒤에도 중국이나 우리나라, 심지어는 일본이나 베트남에서까지도 그 천자문을 본떠 내용은 다르나 1,000개의 글자로 지은 여러 가지 천자문을 지어내기도 하였습니다. 그러나 우리나라에서 오늘날까지 전해지고, 가장 많이 쓰이고 있는 천자문은 주흥사가 지은 천자문입니다.

 주흥사가 무제 임금으로부터 같은 글자가 거듭되지 않는 1,000개의 글자로 시를 지어 올리라는 명령을 받고, 꼬박 하룻밤 사이에 시를 지어 임금에게 바쳤다고 합니다. 얼마나 힘이 들었는지 머리가 하얗게 세었다고 합니다. 그래서 천자문을 머리가 하얀 글이라 해 백수문白首文이라고도 부릅니다.

천자문은 하늘 천天, 따 지地, 검을 현玄, 누를 황黃으로 시작하여 집 우宇, 집 주宙, 넓을 홍洪, 거칠 황荒 식으로, 네 글자를 두 줄씩 짝으로 해, 모두 125짝의 글로 되어 있습니다. 마지막에 있는 글귀가 이를 위謂, 말씀 어語, 도울 조助, 놈 자者, 그리고 어조사 언焉, 어조사 재哉, 어조사 호乎, 어조사 야也라는 여덟 자로 된 글귀입니다. 그 글귀를 보면 우주로부터 시작하여 자연을 밝히고, 정치를 잘 해야 하고, 사람들이 지녀야 할 생각과 몸가짐이 어떠해야 하는지에 이르기까지, 반드시 사람들이 알아야 할 일들을 담고 있습니다.

주흥사가 지은 천자문이 우리나라에 언제 전해져 들어왔는지 아직도 잘 모릅니다. "1455년(세조 1년)에 주자소에서 원나라의 선비인 조맹부 학사가 쓴 천자문을 찍어내게 하였다"라는 얘기가 실록實錄에 나타납니다. 이를 보면 고려의 임금인 충렬왕의 친구인 조 학사가 쓴 글씨의 천자문이, 일찍부터 우리나라에 전해져 있었던 것으로 생각됩니다. 1455년에 찍은 천자문은 두 가지입니다. 한 가지는 가지런한 글씨로 쓴 해서체의 천자문이고, 다른 하나는 풀어서 빨리 쓴 초서체의 천자문입니다.

세조 임금은 글씨를 잘 썼습니다. 그리고 글씨 잘 쓰는 사람의 글씨를 모으는 것도 좋아하였습니다. 1459년에는 조맹부가 쓴 천자문이 나라 안에 더 있는지를 알아보라고 하였습니다. 많이 찍어내어 널리 쓰게 하려는 생각에서입니다.

  천자문은 왕자들을 공부시키는 데도 쓰였습니다. 1517년에 중종 임금이 "왕자가 천자문과 유합類合을 잘 읽는다"라고 기뻐한 일이 실록에 기록되어 있습니다. 그래서인지 중종 임금은 "천자문과 유합을 많이 찍어, 그 중 스무 벌은 궁중에 들여 놓고, 나머지는 잘 두어라"라고 하였습니다.

  지금 남아 있는 천자문 중에서 인쇄한 책으로 가장 오래 된 천자문은 돌아가신 안춘근安春根 선생님이 가지고 계시던 천자문입니다. 이 책은 손바닥만한 크기의 작은 책입니다. 그 내용은 모두 한자로만 되어 있습니다. 이 천자문에는 어린이의 한자 교과서인 유합이라는 책이 함께 꿰매어져 있습니다. 이 책에는 언제 찍어내었다는 날짜의 표시는 없지만, 종이가 바래서 오랜 것이나 종이의 무늬, 그리고 책을 찍은 나무판의 짜임새 등을 보면, 우리나라에서 가장 오래 된 천자문이라는 것을 알 수 있습니다.
　책을 찍어낸 날짜가 분명한 천자문은 1575년(선조 8년)에 광주(光州)에서 나무판(목판)에다가 새겨서 찍어낸 책이 가장 오래 된 책으로 알려져 있습니다. 이 책은 지금 일본의 도쿄대학에 있는 한 책만 알려져 있습니다. 그 책을 사진으로 찍어 와서, 1973년에 단국대학교의 동양학연구소에서 다시 인쇄하여 나누어 주었기 때문에 알게 되었습니다.
　임진왜란이 일어나기 10여 년 전의 일입니다. 그때의 임금은 선조입니다. 그 당시 글씨를 잘 쓰는 사람 중에 한호라는 선비가 있었습니다. 그분의 호가 석봉입니다. 이 글의 첫머리에 말한 한석봉입니다. 선조 임금은 한석봉에게 천자문을 써서 올리라 하였습니다. 이 해의 설날에 써서 임금에게 올린 천자문은 글씨가 아름답고 정말로 잘 썼습니다. 그래서 이 천자문은 궁중에서 글공부와 글씨공부의 모범이 되었습니다. 숙종 임금은 왕자들이 공부를 잘 하라고 친히 책의 머리말인 서문도 지어서, 한석봉이 쓴 천자문의 머리에 붙였습니다. 그랬기 때문에 궁중에서는 한석봉의 천자문을 여러 번 찍어내기도 하였습니다.

  궁중에서 천자문을 쓰니 벼슬아치들도 자식들의 공부에 천자문을 즐겨 썼습니다. 서울에서도 썼지만 지방에서도 많이 썼습니다. 그래서 지방에서도 천자문을 많이 새겨서 펴내었습니다. 《한국책판목록》이라는 책을 보니, 천자문을 펴낸 지방이 서른여섯 곳이나 있다고 하였습니다.

  옛날에는 한자를 공부하던 일은 양반만의 일이었습니다. 그러나 일반 민중들도 한자를 알아야 할 필요가 있어서 공부하기 시작했습니다. 돈이 없는 사람은 나무판으로 찍어낸 책을 사 볼 수 없었습니다. 그래서 베껴서 썼습니다. 한편 글씨공부를 위해서도 붓글씨 연습으로 천자문을 붓으로 많이 썼습니다. 그래서 지금 남아 있는 천자문은 붓글씨로 쓴 천자문이 남아 있습니다.

  나무판으로 찍어낸 천자문에도 가짓수가 많습니다. 서른여섯 가지의 한자 글씨꼴로 찍은 '36체 천자문'이라는 것도 있습니다. 검은 바탕에다 흰 글씨로 된 '음각 천자문'도 있습니다. 한글로 풀이와 음을 단 천자문도 있습니다. 한글 음에다 소리를 길게 하고 짧게 하고 높이고 끝을 낮게 하는 표시, 즉 사성 표시를 단 천자문도 있습니다. 우리나라 말과 일본 말, 또는 영어까지 풀이를 단 것도 있습니다.

　천자문의 글 내용이 매우 좋은 교훈을 담고 있기 때문에, 일본이 우리나라를 다스릴 동안에도 없애지 않았습니다. 그랬기 때문에, 우리 어른들은 이 천자문을 가지고 어린이들에게 우리말을 가르치고 글을 깨우치게 했습니다. 일본의 글 풀이와 음이 들어 있는 천자문을 공부하면서, 절로 외국어 한 가지도 더 배울 수가 있었습니다.

　천자문이 어린이의 좋은 교과서였기 때문에, 이를 본떠서 글자수를 더 늘린 2천자문이나 3천자문 더 나아가서 4천자문이라는 천자문식의 책을 펴낸 사람도 있습니다. 다산 정약용이라는 훌륭한 학자는 아학편兒學編이라는 이름으로 또 다른 천자문을 만들기도 하였습니다.

　천자문이 넉 자를 한 짝으로 한 것과 비슷하게, 석 자로 짝을 지은 책인 《삼자경三字經》이라는 책을 펴낸 사람도 있습니다. 기독교가 우리나라에 들어왔을 때, 선교사들이 배재학당에다 인쇄소를 차리고, 교리도 가르치고 글자를 가르치는 《진리편독삼자경眞理便讀三

字經》이라는 책도 지었습니다. 이렇듯 천자문은 우리나라 어린이의 글자공부나 글씨공부에 많은 공헌을 하였으며 도움이 되었습니다.

지금 우리나라에서 펴낸 여러 가지 천자문을 가장 많이 모은 분은, 이 책을 펴내는 범우사 사장인 윤형두 선생입니다. 천자문만 모은 것이 아니고, 천자문과 비슷하게 만든 어린이 교과서도 많이 모았습니다. 그 중에서 가장 기본이 되는 《천자문》을 이번에 펴내게 되었습니다. 쉬운 글자풀이에다 많은 책 그림, 친절한 설명을 곁들였습니다.

우리 옛 조상들이 그러했듯이, 우리도 열심히 천자문을 배워야 하겠습니다. 이웃 나라인 중국이나 일본에서는 지금도 한자를 많이 쓰고 있습니다. 중국이나 일본으로 여행을 가 보면 한자투성이입니다. 한자를 한 글자라도 알고 있다면, 그 나라에 가서도 머뭇거리며 바보 노릇은 안 합니다. 중국 사람이나 일본 사람이 쓴 글을 보아도 봉사 노릇은 면할 수 있습니다. 천자문에 있는 우리의 음만 알아도, 중국어나 일본어의 음을 비슷하게 맞출 수 있어서 그 나라에 가서 벙어리 노릇은 안 하게 됩니다. 앞으로 아시아를 위하여 일할 수 있는 힘을 기르기 위해서도, 천자문에 있는 한자 정도는 꼭 공부하여야 하겠습니다. 우리의 천자문을 다 익힌 다음에 중국어로 된 음을 알고, 더 나아가서 일본어의 풀이와 음까지 알도록 노력합시다. 알지 못하는 백성은 남의 나라의 종 노릇만 하게 됩니다. 열심히 공부합시다.

1993년 10월 3일 개천절이고 환갑날에
문학박사, 충남대학교 교수
항심(恒心) 윤병태(尹炳泰) 씁니다.

천자문 박물관

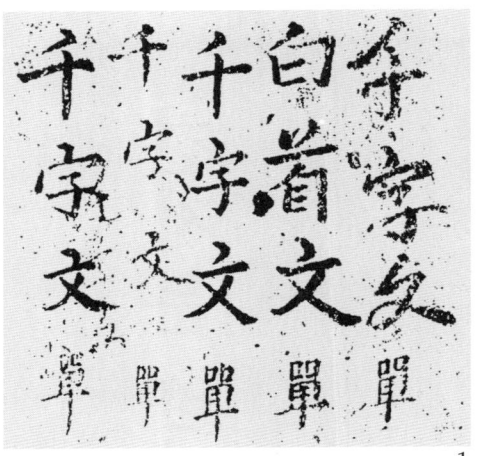
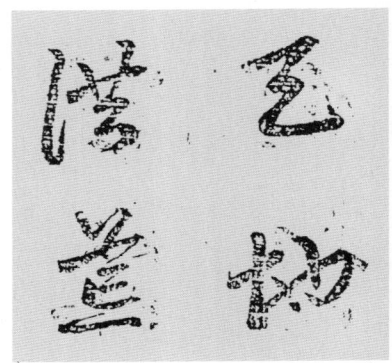
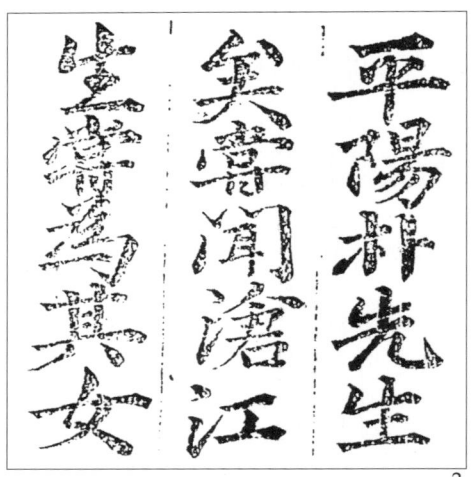
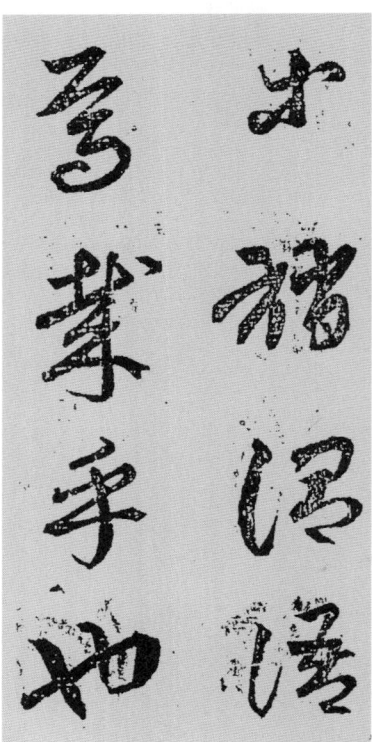

박팽년 천자문
1 표지의 일부분
2 본문의 일부분(앞부분)
3 발문의 일부분
4 본문의 일부분(뒷부분)

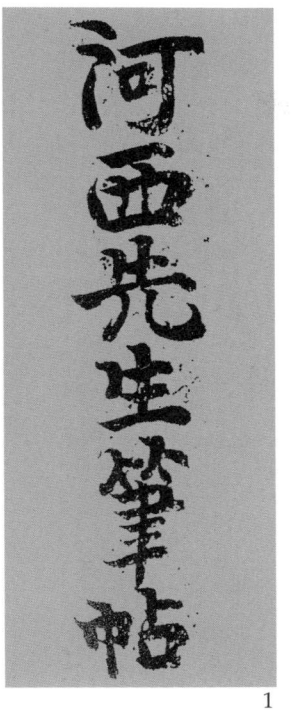

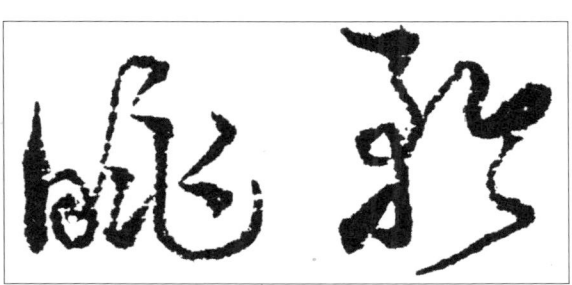

김인후 천자문

1 표지의 일부분
2, 3 본문의 일부분
4 간기의 일부분

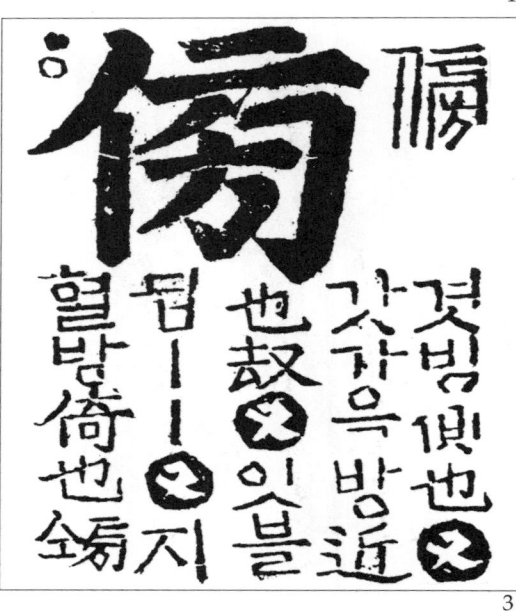

주해 천자문 (홍태운)
1 후기의 일부분
2 첫 페이지의 책 제목
3 본문의 일부분

석봉유체

1 표지의 일부분
2 본문의 일부분(앞부분)
3, 4 본문의 일부분(뒷부분)

몽학 교과 천자문 도설
1 본문 중 천자문에 대한 설명 부분
2 본문의 일부분(앞부분)
3 간기의 일부분
4 본문 속 그림

사체 천자문

1 사체 천자문(표지 글씨)
2 본문의 일부분(앞부분)
3 본문의 일부분(뒷부분)

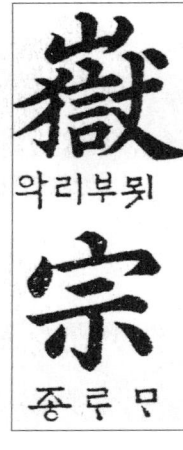

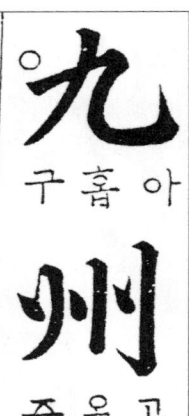
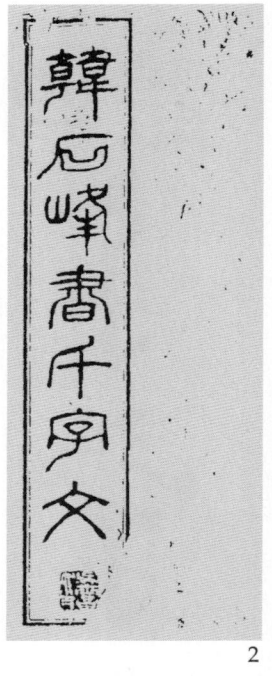

한석봉서 천자문
1 본문의 일부분(중간 부분)
2 표지의 일부분
3 간기의 일부분
4 본문의 일부분(앞부분)

신천자문
1 본문의 일부분(앞부분)
2 본문 속 그림(앞부분)
3 본문의 일부분(뒷부분)
4 판권

1

2

3

4

천자문 177

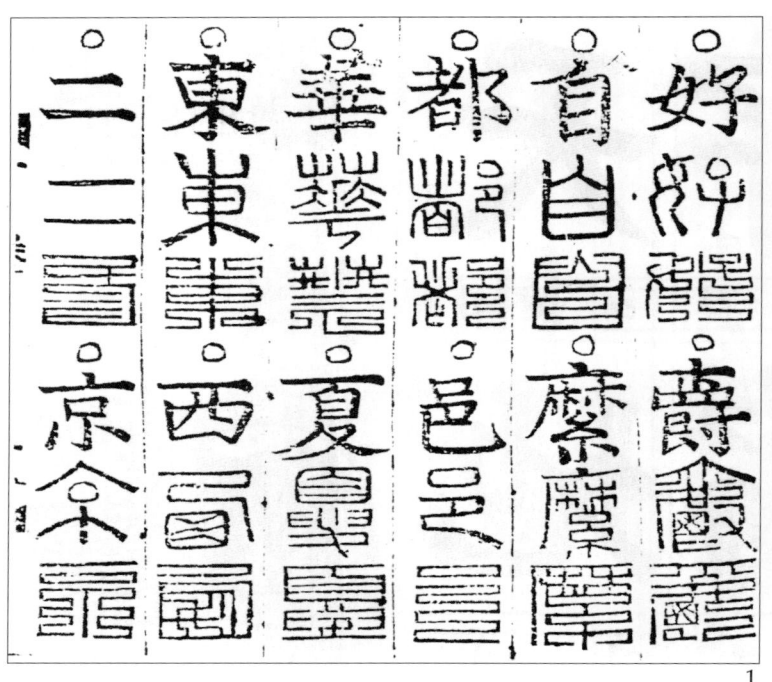

1 주흥사 천자문
2 한석봉이 쓴 천자문 책
 (고려대학교 중앙도서관 소장)

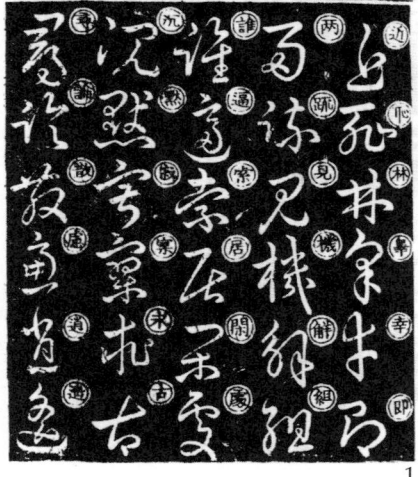
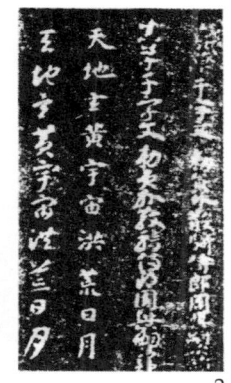
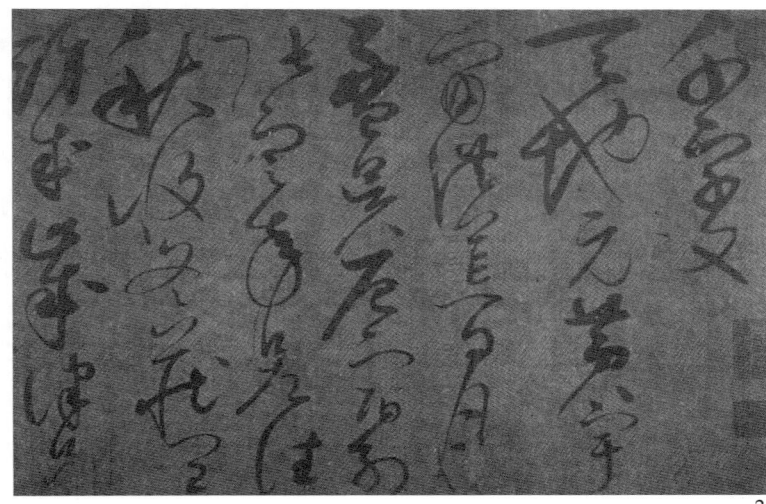

1 석봉유체 본문
2 1970년에 석각한 진초 천자문의 탁본
3 북송의 휘종이 쓴 천자문의 일부분(초서)

● 《도상주해 천자문》의 한 페이지

부록

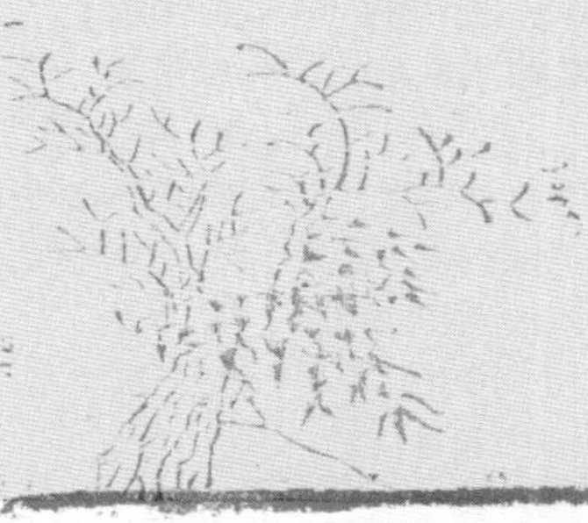

한자의 부수(部首)와 이름
넉 자씩 찾아보는 천자문
음으로 찾아보는 천자문

한자의 부수(部首)와 이름					
1 획		**3 획**		彳 두인변	水 물 수
一 한 일		口 입 구		忄 마음 심	火(灬) 불 화
丨 뚫을 곤		囗 큰입구		扌 손 수	爪 손톱 조
丶 점 주		土 흙 토		氵 물 수	父 아비 부
丿 삐침		士 선비 사		犭 개 견	爻 점괘 효
乙 새 을		夂 뒤져올 치		阝(邑) 우부방	爿 장수장 변
亅 갈고리 궐		夊 천천히 걸을 쇠		阝(阜) 좌부방	片 조각 편
2 획		夕 저녁 석		**4 획**	牙 어금니 아
二 두 이		大 큰 대		心 마음 심	牛 소 우
亠 돼지해 머리		女 계집 녀		戈 창 과	犬 개 견
人 사람 인		子 아들 자		戶 지게 호	夂 등글월 문
儿 어진사람 인		宀 갓머리		手 손 수	王 임금 왕
入 들 입		寸 마디 촌		支 버틸 지	礻 보일 시
八 여덟 팔		小 작을 소		攴(攵) 등글월문	耂 늙을 로
冂 멀 경		尢 절름발이 왕		文 글월문	月 육달월
冖 민갓머리		尸 주검 시		斗 말 두	艹 초두머리
冫 이수변		屮 풀 철		斤 도끼 근	辶 책받침
几 안석 궤		山 메 산		方 모 방	**5 획**
凵 위터진 입구		巛(川) 개미허리		无 없을 무	玄 검을 현
刀 칼 도		工 장인 공		日 날 일	玉 구슬 옥
力 힘 력		己 몸 기		曰 가로 왈	瓜 오이 과
勹 쌀 포		巾 수건 건		月 달 월	瓦 기와 와
匕 비수 비		干 방패 간		木 나무 목	甘 달 감
匚 터진 입구		幺 작을 요		欠 하품 흠	生 날 생
匸 감출 혜		广 엄호		止 그칠 지	用 쓸 용
十 열 십		廴 민책받침		歹 죽을 사 변	田 밭 전
卜 점 복		廾 스물 입 발		殳 갖은등글월 문	疋 짝 필
卩 (㔾) 병부 절		弋 주살 익		毋 말 무	疒 병 질
厂 민엄호		弓 활 궁		比 견줄 비	癶 필발 머리
厶 마늘 모		彐(彑) 튼 가로 왈		毛 터럭 모	白 흰 백
又 또 우		彡 삐친 석 삼		氏 각시 씨	皮 가죽 피
				气 기운 기	皿 그릇 명

目	눈 목	舟	배 주	金	쇠 금	鳥	새 조
矛	창 모	艮	괘 이름 간	長	길 장	鹵	염전 로
矢	화살 시	色	빛 색	門	문 문	鹿	사슴 록
石	돌 석	艸	초두머리	阜(阝〈左〉)	언덕 부	麥	보리 맥
示	보일 시	虍	범의문채 호	隶	미칠 이	麻	삼 마
内	자귀 유	虫	벌레 충	隹	새 추	**12 획**	
禾	벼 화	血	피 혈	雨	비 우	黃	누를 황
穴	구멍 혈	行	갈 행	靑	푸를 청	黍	기장 서
立	설 립	衣	옷 의	非	아닐 비	黑	검을 흑
水	아래물 수	襾	덮을 아	**9 획**		黹	바느질할 치
罒	그물 망	**7 획**		面	낯 면	**13 획**	
衤	옷 의	見	볼 견	革	가죽 혁	黽	맹꽁이 맹
6 획		角	뿔 각	韋	다룸가죽 위	鼎	솥 정
竹	대 죽	言	말씀 언	韭	부추 구	鼓	북 고
米	쌀 미	谷	골 곡	音	소리 음	鼠	쥐 서
糸	실 사	豆	콩 두	頁	머리 혈	**14 획**	
缶	장군 부	豕	돼지 시	風	바람 풍	鼻	코 비
网	그물 망	豸	갖은 돼지 시	飛	날 비	齊	가지런할 제
羊(⺶)	양 양	貝	조개 패	食	밥 식	**15 획**	
羽	깃 우	赤	붉을 적	首	머리 수	齒	이 치
老	늙을 로	走	달릴 주	香	향기 향	**16 획**	
而	말 이을 이	足	발 족	**10 획**		龍	용 룡
耒	쟁기 뢰	身	몸 신	馬	말 마	龜	거북 귀
耳	귀 이	車	수레 거	骨	뼈 골	**17 획**	
聿	붓 율	辛	매울 신	高	높을 고	龠	피리 약
肉	고기 육 (육달월)	辰	별 진	髟	터럭발 머리		
臣	신하 신	辶	책받침	鬥	싸움 투		
自	스스로 자	邑(阝〈右〉)	고을 읍	鬯	울창주 창		
至	이를 지	酉	닭 유	鬲	다리굽은 솥 력		
臼	절구 구	釆	분별할 변	鬼	귀신 귀		
舌	혀 설	里	마을 리	**11 획**			
舛	어그러질 천	**8 획**		魚	고기 어		

넉 자씩 찾아보는 천자문

ㄱ					
가급천병	85	구보인령	154	도사금수	76
가도멸괵	96	구선손반	130	도읍화하	73
감모변색	112	구주우적	100	독초성미	54
갑장대영	77	궁전반울	75	동기연지	62
개차신발	32	권상출척	107	동서이경	73
거가비경	87	균교임조	148	두고종례	83
거야동정	103	극념작성	41	득능막망	36
거이익영	57	금생려수	17	ㅁ	
거하적력	121	기감훼상	34	망담피단	38
검호거궐	19	기염조강	132	맹가돈소	109
견지아조	71	기욕난량	39	면기지식	113
경행유현	41	기전파목	98	명봉재수	30
계상재배	140	기집분전	82	모시숙자	150
계전적성	102	기회한혜	92	무자가색	105
고관배련	86	ㄴ		묵비사염	40
고답심상	142	낙엽표요	125	미단숙영	90
고루과문	156	남순상상	136	미시기장	38
고슬취생	78	남효재량	35	ㅂ	
곤지갈석	103	내복의상	23	반계이윤	89
공곡전성	44	노결위상	16	배망면락	74
공빈연소	150	노겸근칙	111	배회첨조	155
공유국양	34	노소이량	133	백구식장	30
공회형제	62	노협괴경	84	백군진병	100
과진리내	20	뇌급만방	31	변전의성	80
광원면막	104	누관비경	75	병개가묘	149
교수돈족	138	능비각명	88	병사방계	77
교우투분	64	능마강소	127	복연선경	46
구고심론	119	ㄷ		부라장상	84
구곡진영	86	다사식녕	94	부앙랑묘	154
		덕건명립	42	부위거경	74

부창부수	59	시건유방	134	오동조조	123
비파만취	123	시제문자	23	옥출곤강	17
ㅅ		시찬고양	40	왈엄여경	48
사난사형	51	신사가복	39	외수부훈	60
사대오상	32	신복융강	28	용군최정	98
사어병직	109	신종의령	54	용사화제	22
사연설석	78	심동신피	68	용지약사	53
산려소요	119	**ㅇ**		우목낭상	128
상화하목	59	아예서직	106	우몽등초	156
색거한처	118	악수귀천	58	우주홍황	11
서기중용	111	악종항대	101	우통광내	81
석분리속	149	안문자새	102	운등치우	16
선기현알	152	암수묘명	104	원망추조	121
선위사막	99	애육려수	28	위어조자	157
선주운정	101	양소견기	117	유곤독운	127
설감무정	92	언사안정	53	유우도당	24
섭직종정	56	언재호야	157	윤여성세	14
성궁기계	115	엄택곡부	90	율려조양	14
성정정일	68	여라독특	144	유자비아	61
세록치부	87	여모정렬	35	은촉위황	135
세숙공신	107	여송지성	51	이궐가유	113
속대긍장	155	역취군영	82	이유유외	129
속이원장	129	연시매최	151	인자은측	65
솔빈귀왕	29	연징취영	52	인잠우상	21
송구공황	140	열예차강	138	일월영측	12
수공평장	27	염필륜지	148	임고행즉	116
수진지만	69	영업소기	55	임심리박	50
숙재남묘	106	영유길소	153	입봉모의	60
숙흥온청	50	영음찰리	112	**ㅈ**	
승계납폐	80	예별존비	58	자부사군	48

적구충장	130	**ㅊ**		학우등사	56
적심무경	55	채중개강	20	한래서왕	13
적후사속	139	책공무실	88	한폐번형	97
전찰간요	142	척벽비보	47	해구상욕	143
전패비휴	66	척사환초	120	해약초양	144
절마잠규	64	천류불식	52	해조수핍	117
절의염퇴	66	천지현황	11	해함하담	21
접배거상	137	천토회맹	96	허당습청	44
제고백숙	61	첩어적방	134	현가주연	137
제사증상	139	촌음시경	47	형단표정	42
제약부경	91	총증항극	115	혜금완소	146
조관인황	22	추수동장	13	호봉팔현	85
조민벌죄	26	추위양국	24	호작자미	71
조위곤횡	95	축물의이	69	화인악적	46
조차불리	65	충즉진명	49	화채선령	76
존이감당	57	치본어농	105	화피초목	31
좌달승명	81	치예단청	99	환공광합	91
좌시아형	89	친척고구	133	환선원결	135
좌조문도	27	칠서벽경	83	회백환조	152
주면석매	136	침묵적료	118	효당갈력	49
주발은탕	26	**ㅌ**		흔주루견	120
주참적도	145	탐독완시	128	희휘랑요	151
주칭야광	19	태욕근치	116		
준예밀물	94	**ㅍ**			
지과필개	36	포사료환	146		
지신수우	153	포어팽재	132		
진근위예	125	포획반망	145		
진수열장	12	**ㅎ**			
진초갱패	95	하이일체	29		
집열원량	143	하준약법	97		

음으로 찾아보는 천자문

ㄱ

가(可)	39	갱(更)	95	경(驚)	75
가(佳)	149	거(巨)	19	계(啓)	77
가(家)	85	거(去)	57	계(階)	80
가(假)	96	거(車)	87	계(溪)	89
가(軻)	109	거(居)	118	계(誠)	115
가(歌)	137	거(渠)	121	계(稽)	140
가(嘉)	113	거(鉅)	103	계(鷄)	102
가(稼)	105	거(據)	74	고(古)	119
가(駕)	87	거(擧)	137	고(姑)	61
각(刻)	88	건(巾)	134	고(孤)	156
간(簡)	142	건(建)	42	고(故)	133
갈(碣)	103	검(劍)	19	고(高)	86
갈(竭)	49	견(見)	117	고(羔)	40
감(甘)	57	견(堅)	71	고(皐)	116
감(敢)	34	견(遣)	120	고(鼓)	78
감(感)	92	결(結)	16	고(皐)	83
감(鑑)	112	결(潔)	135	고(顧)	142
갑(甲)	77	겸(謙)	111	곡(曲)	90
강(岡)	17	경(京)	73	곡(谷)	44
강(羌)	28	경(涇)	74	곡(穀)	86
강(康)	138	경(竟)	55	곤(困)	95
강(絳)	127	경(卿)	84	곤(昆)	103
강(薑)	20	경(景)	41	곤(崑)	17
강(糠)	132	경(傾)	91	곤(鵾)	127
개(改)	36	경(敬)	48	공(工)	150
개(芥)	20	경(經)	83	공(公)	91
개(皆)	149	경(輕)	87	공(孔)	62
개(蓋)	32	경(慶)	46	공(功)	88
		경(競)	47	공(空)	44

천자문 187

공(拱)	27	군(軍)	98	기(器)	39
공(恐)	140	군(郡)	100	기(椅)	92
공(貢)	107	군(群)	82	기(機)	117
공(恭)	34	궁(宮)	75	기(璣)	152
과(果)	20	궁(躬)	115	기(譏)	115
과(過)	36	권(勸)	107	길(吉)	153
과(寡)	156	궐(厥)	113		
관(官)	22	궐(闕)	19	**ㄴ**	
관(冠)	86	귀(貴)	58	낙(落)	125
관(觀)	75	귀(歸)	29	난(難)	39
광(光)	19	규(規)	64	난(蘭)	51
광(匡)	91	균(鈞)	148	남(男)	35
광(廣)	81	극(克)	41	남(南)	106
광(曠)	104	극(極)	115	남(藍)	136
괴(槐)	84	근(近)	116	납(納)	80
괵(虢)	96	근(根)	125	낭(囊)	128
교(巧)	148	근(謹)	111	내(乃)	23
교(交)	64	금(金)	17	내(內)	81
교(矯)	138	금(禽)	76	내(柰)	20
구(九)	100	금(琴)	146	녀(女)	35
구(口)	130	급(及)	31	년(年)	151
구(求)	119	급(給)	85	념(念)	41
구(具)	130	긍(矜)	155	념(恬)	148
구(垢)	143	기(己)	38	녕(寧)	94
구(矩)	154	기(其)	113	노(勞)	111
구(駒)	30	기(氣)	62	노(老)	133
구(舊)	133	기(起)	98	노(露)	16
구(懼)	140	기(豈)	34	농(農)	105
구(驅)	86	기(幾)	111	뇌(賴)	31
국(國)	24	기(基)	55	누(樓)	75
국(鞠)	34	기(旣)	82	늑(勒)	88
군(君)	48	기(飢)	132	능(能)	36

능(凌)	127	돈(頓)	138	련(連)	62
		동(冬)	13	련(輦)	86
ㄷ		동(同)	62	렬(烈)	35
다(多)	94	동(東)	73	렴(廉)	66
단(丹)	99	동(洞)	103	령(令)	54
단(旦)	90	동(桐)	123	령(領)	154
단(短)	38	동(動)	68	령(聆)	112
단(端)	42	두(杜)	83	령(靈)	76
달(達)	81	득(得)	36	례(禮)	58
담(淡)	21	등(登)	56	례(隷)	83
담(談)	38	등(等)	156	로(路)	84
답(答)	142	등(騰)	16	로(勞)	111
당(唐)	24			로(老)	133
당(堂)	44	**ㄹ**		록(祿)	87
당(當)	49	라(羅)	84	론(論)	119
당(棠)	57	라(騾)	144	뢰(賴)	31
대(大)	32	락(洛)	74	료(寥)	118
대(岱)	101	락(落)	125	료(遼)	146
대(帶)	155	랑(廊)	154	룡(龍)	22
대(對)	77	랑(朗)	151	루(陋)	156
덕(德)	42	래(來)	13	루(樓)	75
도(途)	96	량(良)	35	루(累)	120
도(陶)	24	량(凉)	143	류(流)	52
도(都)	73	량(量)	39	륜(倫)	148
도(道)	27	량(糧)	133	륵(勒)	88
도(盜)	145	려(呂)	14	리(履)	50
도(圖)	76	려(慮)	119	리(利)	149
독(獨)	127	려(麗)	17	리(李)	20
독(讀)	128	려(黎)	28	리(理)	112
독(犢)	144	려(驢)	144	리(離)	65
독(篤)	54	력(力)	49	린(鱗)	21
돈(敦)	109	력(歷)	121	림(林)	116

립(立)	42	모(毛)	150	박(薄)	50
		모(貌)	112	반(叛)	145
ㅁ		모(慕)	35	반(飯)	130
마(磨)	64	목(木)	31	반(盤)	75
마(摩)	127	목(目)	128	반(磻)	89
막(漠)	99	목(牧)	98	발(發)	26
막(莫)	36	목(睦)	59	발(髮)	32
막(邈)	104	몽(蒙)	156	방(方)	31
만(晚)	123	묘(妙)	149	방(房)	134
만(萬)	31	묘(杳)	104	방(紡)	134
만(滿)	69	묘(畝)	106	방(傍)	77
망(亡)	145	묘(廟)	154	배(杯)	137
망(邙)	74	무(武)	92	배(拜)	140
망(莽)	121	무(無)	55	배(背)	74
망(忘)	36	무(務)	105	배(徘)	155
망(罔)	38	무(茂)	88	배(陪)	86
매(每)	151	묵(墨)	40	백(白)	30
매(寐)	136	묵(默)	118	백(百)	100
맹(孟)	109	문(文)	23	백(伯)	61
맹(盟)	96	문(門)	102	백(魄)	152
면(面)	74	문(問)	27	번(煩)	97
면(勉)	113	문(聞)	156	벌(伐)	26
면(眠)	136	물(勿)	94	법(法)	97
면(綿)	104	물(物)	69	벽(壁)	83
멸(滅)	96	미(美)	54	벽(壁)	47
명(名)	42	미(糜)	71	변(弁)	80
명(命)	49	미(微)	90	변(辨)	112
명(明)	81	미(靡)	38	별(別)	58
명(冥)	104	민(民)	26	병(丙)	77
명(鳴)	30	밀(密)	94	병(兵)	85
명(銘)	88			병(并)	100
모(母)	60	**ㅂ**		병(秉)	109

병(並)	149	비(匪)	66	상(翔)	21
보(步)	154	비(悲)	40	상(傷)	34
보(寶)	47	비(碑)	88	상(想)	143
복(伏)	28	빈(賓)	29	상(詳)	142
복(服)	23	빈(嚬)	150	상(裳)	23
복(福)	46			상(賞)	107
복(覆)	39	**人**		상(嘗)	139
본(本)	105	사(士)	94	상(箱)	128
봉(奉)	60	사(仕)	56	상(霜)	16
봉(封)	85	사(史)	109	상(床)	136
봉(鳳)	30	사(四)	32	상(顙)	140
부(夫)	59	사(沙)	99	상(觴)	137
부(父)	48	사(似)	51	새(塞)	102
부(婦)	59	사(事)	48	색(色)	112
부(富)	87	사(使)	39	색(索)	118
부(府)	84	사(祀)	139	색(穡)	105
부(扶)	91	사(舍)	77	생(生)	17
부(浮)	74	사(思)	53	생(笙)	78
부(俯)	154	사(射)	146	서(西)	73
부(傅)	60	사(師)	22	서(書)	83
부(阜)	90	사(斯)	51	서(庶)	111
분(分)	64	사(絲)	40	서(暑)	13
분(紛)	149	사(嗣)	139	서(黍)	106
분(墳)	82	사(肆)	78	석(夕)	136
불(不)	52	사(寫)	76	석(石)	103
불(弗)	65	사(謝)	120	석(席)	78
비(比)	61	사(辭)	53	석(釋)	149
비(肥)	87	산(散)	119	선(仙)	76
비(非)	47	상(上)	59	선(宣)	99
비(飛)	75	상(相)	84	선(扇)	135
비(卑)	58	상(常)	32	선(善)	46
비(枇)	123	상(象)	136	선(璇)	152

선(膳)	130	송(松)	51	시(是)	47
선(禪)	101	송(悚)	140	시(恃)	38
설(設)	78	수(水)	17	시(始)	23
설(說)	92	수(手)	138	시(時)	89
섭(攝)	56	수(守)	69	시(詩)	40
성(成)	14	수(收)	13	식(食)	30
성(性)	68	수(受)	60	식(息)	52
성(城)	102	수(垂)	27	식(寔)	94
성(星)	80	수(岫)	104	식(植)	113
성(省)	115	수(首)	28	신(臣)	28
성(聖)	41	수(修)	153	신(身)	32
성(誠)	54	수(殊)	58	신(信)	39
성(盛)	51	수(隨)	59	신(神)	68
성(聲)	44	수(誰)	117	신(新)	107
세(世)	87	수(樹)	30	신(愼)	54
세(稅)	107	수(獸)	76	신(薪)	153
세(歲)	14	숙(宿)	12	실(實)	88
소(少)	133	숙(俶)	106	심(心)	68
소(所)	55	숙(夙)	50	심(甚)	55
소(邵)	153	숙(叔)	61	심(尋)	119
소(笑)	150	숙(淑)	150	심(審)	142
소(素)	109	숙(熟)	107	심(深)	50
소(逍)	119	숙(孰)	90		
소(疏)	117	순(筍)	136	ㅇ	
소(嘯)	146	슬(瑟)	78	아(兒)	61
소(霄)	127	습(習)	44	아(我)	106
속(束)	155	승(承)	81	아(阿)	89
속(俗)	149	승(陞)	80	아(雅)	71
속(屬)	129	시(市)	128	악(樂)	58
속(續)	139	시(矢)	151	악(嶽)	101
손(飡)	130	시(侍)	134	악(惡)	46
솔(率)	29	시(施)	150	안(安)	53

안(雁)	102	여(餘)	14	예(譽)	99
알(斡)	152	역(亦)	82	오(五)	32
암(巖)	104	연(年)	151	오(梧)	123
앙(仰)	154	연(連)	62	옥(玉)	17
애(愛)	28	연(淵)	52	온(溫)	50
야(也)	157	연(姸)	150	완(阮)	146
야(夜)	19	연(緣)	46	완(翫)	128
야(野)	103	연(筵)	78	왈(曰)	48
약(若)	53	연(讌)	137	왕(王)	29
약(約)	97	열(列)	12	왕(往)	13
약(弱)	91	열(悅)	138	외(外)	60
약(躍)	144	열(熱)	143	외(畏)	129
양(羊)	40	염(廉)	66	요(曜)	151
양(兩)	117	염(厭)	132	요(要)	142
양(陽)	14	염(染)	40	요(遙)	119
양(養)	34	염(恬)	148	요(颻)	125
양(讓)	24	엽(葉)	125	욕(浴)	143
양(驤)	144	영(永)	153	욕(欲)	39
어(於)	105	영(英)	82	욕(辱)	116
어(魚)	109	영(映)	52	용(用)	98
어(御)	134	영(盈)	12	용(容)	53
어(語)	157	영(聆)	112	용(庸)	111
어(飫)	132	영(詠)	57	용(龍)	22
언(言)	53	영(榮)	55	우(友)	64
언(焉)	157	영(楹)	77	우(右)	81
엄(奄)	90	영(營)	90	우(宇)	11
엄(嚴)	48	영(纓)	86	우(寓)	128
업(業)	55	예(乂)	94	우(羽)	21
여(如)	51	예(豫)	138	우(雨)	16
여(女)	35	예(藝)	106	우(祐)	153
여(驢)	144	예(禮)	58	우(禹)	100
여(與)	48	예(翳)	125	우(愚)	156

우(虞)	24	윤(閏)	14	일(逸)	68
우(優)	56	율(律)	14	일(壹)	29
운(云)	101	융(戎)	28	임(任)	148
운(運)	127	은(銀)	135	임(林)	116
운(雲)	16	은(隱)	65	임(臨)	50
울(鬱)	75	은(殷)	26	입(入)	60
원(垣)	129	음(音)	112		
원(圓)	135	음(陰)	47	**ㅈ**	
원(園)	121	읍(邑)	73	자(子)	61
원(遠)	104	의(衣)	23	자(字)	23
원(願)	143	의(宜)	54	자(自)	71
월(月)	12	의(意)	69	자(姿)	150
위(位)	24	의(義)	66	자(者)	157
위(委)	125	의(疑)	80	자(玆)	105
위(威)	99	의(儀)	60	자(紫)	102
위(爲)	16	이(二)	73	자(慈)	65
위(渭)	74	이(以)	57	자(資)	48
위(謂)	157	이(伊)	89	작(作)	41
위(煒)	135	이(而)	57	작(爵)	71
위(魏)	95	이(耳)	129	잠(潛)	21
유(有)	24	이(易)	129	잠(箴)	64
유(攸)	129	이(異)	133	장(長)	38
유(帷)	134	이(移)	69	장(莊)	155
유(惟)	34	이(貽)	113	장(將)	84
유(遊)	127	이(邇)	29	장(帳)	77
유(猶)	61	익(益)	57	장(張)	12
유(猷)	113	인(人)	22	장(章)	27
유(維)	41	인(仁)	65	장(場)	30
유(綏)	153	인(引)	154	장(藏)	13
유(輶)	129	인(因)	46	장(墻)	129
육(育)	28	인(鱗)	21	장(腸)	130
윤(尹)	89	일(日)	12	재(才)	35

재(再)	140	정(貞)	35	종(鍾)	83
재(在)	30	정(情)	68	좌(佐)	89
재(哉)	157	정(精)	98	좌(坐)	27
재(宰)	132	정(靜)	68	좌(左)	81
재(載)	106	제(制)	23	죄(罪)	26
적(赤)	102	제(弟)	62	주(主)	101
적(寂)	118	제(帝)	22	주(州)	100
적(的)	121	제(祭)	139	주(周)	26
적(賊)	145	제(諸)	61	주(宙)	11
적(跡)	100	제(濟)	91	주(奏)	120
적(適)	130	조(弔)	26	주(珠)	19
적(嫡)	139	조(早)	123	주(酒)	137
적(積)	46	조(助)	157	주(晝)	136
적(籍)	55	조(造)	65	주(誅)	145
적(績)	134	조(凋)	123	준(俊)	94
전(田)	102	조(條)	121	준(遵)	97
전(典)	82	조(組)	117	중(中)	111
전(傳)	44	조(鳥)	22	중(重)	20
전(剪)	98	조(眺)	155	즉(則)	49
전(賤)	142	조(釣)	148	즉(卽)	116
전(殿)	75	조(朝)	27	증(增)	115
전(顚)	66	조(照)	152	증(蒸)	139
전(轉)	80	조(趙)	95	지(之)	51
절(切)	64	조(調)	14	지(止)	53
절(節)	66	조(操)	71	지(地)	11
접(接)	137	조(糟)	132	지(池)	103
정(丁)	92	족(足)	138	지(志)	69
정(正)	42	존(存)	57	지(持)	71
정(定)	53	존(尊)	58	지(指)	153
정(亭)	101	종(宗)	101	지(枝)	62
정(庭)	103	종(從)	56	지(知)	36
정(政)	56	종(終)	54	지(紙)	148

지(祇)	113	천(千)	85	취(聚)	82
직(直)	109	천(川)	52	취(吹)	78
직(稷)	106	천(天)	11	취(翠)	123
직(職)	56	천(踐)	96	측(昃)	12
진(辰)	12	천(賤)	58	측(側)	65
진(珍)	20	첨(瞻)	155	치(治)	105
진(振)	86	첨(妾)	134	치(侈)	87
진(眞)	69	첩(牒)	142	치(恥)	116
진(秦)	100	청(靑)	99	치(致)	16
진(晋)	95	청(淸)	50	치(馳)	99
진(陳)	125	청(聽)	44	칙(勅)	111
진(盡)	49	체(體)	29	친(親)	133
집(執)	143	초(初)	54	칠(漆)	83
집(集)	82	초(招)	120	침(沈)	118
징(澄)	52	초(草)	31	칭(稱)	19
		초(超)	144		
ㅊ		초(楚)	95	**ㅌ**	
차(且)	138	초(誚)	156	탐(眈)	128
차(次)	65	촉(燭)	135	탕(湯)	26
차(此)	32	촌(寸)	47	태(殆)	116
찬(讚)	40	총(寵)	115	택(宅)	90
찰(察)	112	최(最)	98	토(土)	96
참(斬)	145	최(催)	151	통(通)	81
창(唱)	59	추(抽)	121	퇴(退)	66
채(菜)	20	추(秋)	13	투(投)	64
채(綵)	76	추(推)	24	특(特)	144
책(策)	88	축(逐)	69		
처(處)	118	출(出)	17	**ㅍ**	
척(尺)	47	출(黜)	107	파(杷)	123
척(慼)	120	충(充)	130	파(頗)	98
척(陟)	107	충(忠)	49	팔(八)	85
척(戚)	133	취(取)	52	패(沛)	66

패(霸)	95	항(恒)	101	환(丸)	146
팽(烹)	132	해(海)	21	환(桓)	91
평(平)	27	해(解)	117	환(紈)	135
폐(陛)	80	해(骸)	143	환(歡)	120
폐(弊)	97	해(駭)	144	환(環)	152
포(布)	146	행(行)	41	황(皇)	22
포(捕)	145	행(幸)	116	황(荒)	11
포(飽)	132	허(虛)	44	황(黃)	11
표(表)	42	현(玄)	11	황(惶)	140
표(飄)	125	현(絃)	137	황(煌)	135
피(彼)	38	현(賢)	41	회(回)	92
피(被)	31	현(縣)	85	회(徊)	155
피(疲)	68	현(懸)	152	회(晦)	152
필(必)	36	협(俠)	84	회(會)	96
필(筆)	148	형(兄)	62	회(懷)	62
핍(逼)	117	형(刑)	97	획(獲)	145
		형(形)	42	횡(橫)	95
ㅎ		형(衡)	89	효(孝)	49
하(下)	59	형(馨)	51	효(效)	35
하(何)	97	혜(惠)	92	후(後)	139
하(河)	21	혜(嵇)	146	훈(訓)	62
하(荷)	121	호(戶)	85	훼(毀)	34
하(夏)	73	호(乎)	157	휘(暉)	151
하(遐)	29	호(好)	71	휴(虧)	66
학(學)	56	호(號)	19	흔(欣)	120
한(寒)	13	홍(洪)	11	흥(興)	50
한(漢)	92	화(化)	31	희(羲)	151
한(閑)	118	화(火)	22		
한(韓)	97	화(和)	59		
함(鹹)	21	화(禍)	46		
합(合)	91	화(華)	73		
항(抗)	115	화(畫)	76		

천자문 197

옮긴이 소개

안춘근(1927~1993)
강원도 고성 출생. 성균관대 정치학과 졸업.
명예인문학 박사(미국 샌디에이고 바이블 대학).
이화여대, 한양대·고려대, 경희대, 서울대 강사 역임.
제1회 장서상 수상. 중앙대 신문방송대학원 객원교수.
한국 출한학회 명예회장 역임.
저·역서로 《언제 고향에 갈 수 있을까》《책과 그리운 사람들》
《한국출판 문화론》《잡지출판론》《한국서지학 원론》
《국제출판 개발론》 등이 있음.

천자문

초판 1쇄 발행 / 1994년 9월 10일
2판 1쇄 발행 / 2005년 12월 20일

지은이 / 주 흥 사
엮은이 / 안 춘 근
펴낸이 / 윤 형 두
펴낸데 / 범 우 사

등록번호 / 제 406-2003-048호
등록일자 / 1966년 8월 3일
주소 / 413-756 경기도 파주시 교하읍 문발리 525-2
전화 / 031)955-6900~4, FAX / 031)955-6905

잘못된 책은 바꾸어 드립니다.   교정·편집/김형옥·윤아트
책값은 뒤표지에 있습니다.
ISBN 89-08-03331-9 04820   http://www.bumwoosa.co.kr
      89-08-03202-9 (세트)   (E-mail) bumwoosa@chol.com

주머니 속 내 친구! 범우문고

【각권 값 2,800원】

1 수필 피천득
2 무소유 법정
3 바다의 침묵(외) 베르코르/조규철·이정림
4 살며 생각하며 미우라 아야코/진웅기
5 오, 고독이여 F.니체/최혁순
6 어린 왕자 A.생 텍쥐페리/이정림
7 톨스토이 인생론 L.톨스토이/박형규
8 이 조용한 시간에 김우종
9 시지프의 신화 A.카뮈/이정림
10 목마른 계절 전혜린
11 젊은이여 인생을… A.모르아/방곤
12 채근담 홍자성/최현
13 무진기행 김승옥
14 공자의 생애 최현 역음
15 고독한 당신을 위하여 L.린저/곽복록
16 김소월 시집 김소월
17 장자 장자/허세욱
18 예언자 K.지브란/유제하
19 윤동주 시집 윤동주
20 명정 40년 변영로
21 산사에 심은 뜻은 이청담
22 날개 이상
23 메밀꽃 필 무렵 이효석
24 애정은 기도처럼 이영도
25 이브의 천형 김남조
26 탈무드 M.토케이어/정진태
27 노자도덕경 노자/황병국
28 갈매기의 꿈 R.바크/김진욱
29 우정론 A.보나르/이정림
30 명상록 M.아우렐리우스/황문수
31 젊은 여성을 위한 인생론 P.벅/김진욱
32 B사감과 러브레터 현진건
33 조병화 시집 조병화
34 느티의 일월 모윤숙
35 로렌스의 성과 사랑 D.H.로렌스/이성호
36 박인환 시집 박인환
37 모래톱 이야기 김정한
38 창문 김태길
39 방랑 H.헤세/홍경호
40 손자병법 손무/황병국
41 소설·알렉산드리아 이병주
42 전략 A.카뮈/이정림
43 사노라면 잊을 날이 윤형두
44 김삿갓 시집 김병연/황병국
45 소크라테스의 변명(외) 플라톤/최현
46 서정주 시집 서정주
47 사람은 무엇으로 사는가 L.톨스토이/김진욱
48 불가능은 없다 R.슐러/박호순
49 바다의 선물 A.린드버그/신상웅
50 잠 못 이루는 밤을 위하여 C.힐티/홍경호
51 딸깍발이 이희승
52 몽테뉴 수상록 M.몽테뉴/손석린
53 박재삼 시집 박재삼
54 노인과 바다 E.헤밍웨이/김회진
55 향연·뤼시스 플라톤/최현
56 젊은 시인에게 보내는 편지 R.릴케/홍경호
57 피천득 시집 피천득
58 아버지의 뒷모습(외) 주자청(외)/허세욱(외)
59 현대의 신 N.쿠치카렌/진철승
60 별·마지막 수업 A.도데/정봉구
61 인생의 선용 J.러보크/한영환
62 브람스를 좋아하세요… F.사강/이정림
63 이동주 시집 이동주
64 고독한 산보자의 꿈 J.루소/염기용
65 파이돈 플라톤/최현
66 백장미의 수기 I.숄/홍경호
67 소년 시절 H.헤세/홍경호
68 어떤 사람이기에 김동길
69 가난한 밤의 산책 C.힐티/송영택
70 근원수필 김용준
71 이방인 A.카뮈/이정림
72 롱펠로 시집 H.롱펠로/윤삼하

| 73 명사십리 한용운
| 74 완손잡이 여인 P.한트케/홍경호
| 75 시민의 반항 H.소로/황문수
| 76 민중조선사 전석담
| 77 동문서답 조지훈
| 78 프로타고라스 플라톤/최현
| 79 표본실의 청개구리 염상섭
| 80 문주반생기 양주동
| 81 신조선혁명론 박열/서석연
| 82 조선과 예술 야나기 무네요시/박재삼
| 83 중국혁명론 모택동(외)/박광종 엮음
| 84 탈출기 최서해
| 85 바보네 가게 박연구
| 86 도왜실기 김구/엄항섭 엮음
| 87 슬픔이여 안녕 F.사강/이정림·방곤
| 88 공산당 선언 K.마르크스·F.엥겔스/서석연
| 89 조선문학사 이명선
| 90 권태 이상
| 91 내 마음속의 그들 한승헌
| 92 노동자강령 F.라살레/서석연
| 93 장씨 일가 유주현
| 94 백설부 김진섭
| 95 에코스파즘 A.토플러/김진욱
| 96 가난한 농민에게 바란다 N.레닌/이정일
| 97 고리키 단편선 M.고리키/김영국
| 98 러시아의 조선침략사 송정환
| 99 기재기이 신광한/박헌순
| 100 홍경래전 이명선
| 101 인간만사 새옹지마 리영희
| 102 청춘을 불사르고 김일엽
| 103 모범경작생(외) 박영준
| 104 방망이 깎던 노인 윤오영
| 105 찰스 램 수필선 C.램/양병석
| 106 구도자 고은
| 107 표해록 장한철/정병욱
| 108 월광곡 홍난파
| 109 무서록 이태준
| 110 나생문(외) 아쿠타가와 류노스케/진웅기
| 111 해변의 시 김동석
| 112 발자크와 스탕달의 예술논쟁 김진욱
| 113 파한집 이인로/이상보
| 114 역사소품 곽말약/김승일
| 115 체스·아내의 불안 S.츠바이크/오영옥
| 116 복덕방 이태준
| 117 실천론(외) 모택동/김승일
| 118 순오지 홍만종/전규태
| 119 직업으로서의 학문·정치 M.베버/김진욱(외)
| 120 요재지이 포송령/진기환
| 121 한설야 단편선 한설야

| 122 쇼펜하우어 수상록 쇼펜하우어/최혁순
| 123 유태인의 성공법 M.토케이어/진웅기
| 124 레디메이드 인생 채만식
| 125 인물 삼국지 모리야 히로시/김승일
| 126 한글 명심보감 장기근 옮김
| 127 조선문화사서설 모리스 쿠랑/김수경
| 128 역옹패설 이제현/이상보
| 129 문장강화 이태준
| 130 중용·대학 차주환
| 131 조선미술사연구 윤희순
| 132 옥중기 오스카 와일드/임헌영
| 133 유태인식 돈벌이 후지다 덴/지방훈
| 134 가난한 날의 행복 김소운
| 135 세계의 기적 박광순
| 136 이퇴계의 활인심방 정숙
| 137 카네기 처세술 데일 카네기/전민식
| 138 요로원야화기 김승일
| 139 푸슈킨 산문 소설집 푸슈킨/김영국
| 140 삼국지의 지혜 황의백
| 141 슬견설 이규보/장덕순
| 142 보리 한흑구
| 143 에머슨 수상록 에머슨/윤삼하
| 144 이사도라 덩컨의 무용에세이 I.덩컨/최혁순
| 145 북학의 박제가/김승일
| 146 두뇌혁명 T.R.블랙슬리/최현
| 147 베이컨 수상록 베이컨/최혁순
| 148 동백꽃 김유정
| 149 하루 24시간 어떻게 살 것인가 A.베넷/이은순
| 150 평민한문학사 허경진
| 151 정선아리랑 김병하·김연갑 공편
| 152 독서요법 황의백 엮음
| 153 나는 왜 기독교인이 아닌가 B.러셀/이재황
| 154 조선사 연구(草) 신채호
| 155 중국의 신화 장기근
| 156 무병장생 건강법 배기성 엮음
| 157 조선위인전 신채호
| 158 정감록비결 편집부 엮음
| 159 유태인 상술 후지다 덴/진웅기
| 160 동물농장 조지 오웰/김회진
| 161 신록 예찬 이양하
| 162 진도 아리랑 박병훈·김연갑
| 163 책이 좋아 책하고 사네 윤형두
| 164 속담에세이 박연구
| 165 중국의 신화(후편) 장기근
| 166 중국인의 에로스 장기근
| 167 귀여운 여인(외) A.체호프/박형규
| 168 아리스토파네스 희곡선 아리스토파네스/최현
| 169 세네카 희곡선 테렌티우스/최 현

| 170 테렌티우스 희곡선 세네카/최 현
| 171 외투·코 고골리/김영국
| 172 카르멘 메리메/김진욱
| 173 방법서설 데카르트/김진욱
| 174 페이터의 산문 페이터/이성호
| 175 이해사회학의 카테고리 막스 베버/김진욱
| 176 러셀의 수상록 러셀/이성규
| 177 속악유희 최영년/황순구
| 178 권리를 위한 투쟁 R.예링/심윤종
| 179 돌과의 문답 이규보/장덕순
| 180 성황당(외) 정비석
| 181 양쯔강(외) 펄 벅/김병걸
| 182 봄의 수상(외) 조지 기싱/이창배
| 183 아미엘 일기 아미엘/민희식
| 184 예언자의 집에서 토마스 만/박환덕
| 185 모자철학 가드너/이창배
| 186 짝 잃은 거위를 곡하노라 오상순
| 187 무하선생 방랑기 김상용
| 188 어느 시인의 고백 릴케/송영택
| 189 한국의 멋 윤태림
| 190 자연과 인생 도쿠토미 로카/진웅기
| 191 태양의 계절 이시하라 신타로/고평국
| 192 애서광 이야기 구스타브 플로베르/이민정
| 193 명심보감의 명구 191 이용백
| 194 아큐정전 루쉰/허세욱
| 195 촛불 신석정
| 196 인간제대 추식
| 197 고향산수 마해송
| 198 아랑의 정조 박종화
| 199 지사총 조선작
| 200 홍동백서 이어령
| 201 유령의 집 최인호
| 202 목련초 오정희
| 203 친구 송영
| 204 쫓겨난 아담 유치환
| 205 카마수트라 바스야야나/송미영
| 206 한 가닥 공상 밀른/공덕룡
| 207 사랑의 샘가에서 우치무라 간조/최현
| 208 황무지 공원에서 유달영
| 209 산정무한 정비석
| 210 조선해학 어수록 장한종
| 211 조선해학 파수록 부묵자
| 212 용재총화 성현
| 213 남원의 향기 최승범
| 214 한국의 가을 박대인
| 215 다듬이 소리 채만식
| 216 부모 은중경 안춘근
| 217 거룩한 본능 김규련

www.bumwoosa.co.kr TEL 031)955-6900 범우사

2005년 서울대·연대·고대 권장도서 및
논술시험 준비중인 청소년과 대학생을
범우비평판

1 토마스 불핀치 1 그리스·로마 신화 최혁순 ★●
            2 원탁의 기사 한영환
            3 샤를마뉴 황제의 전설 이성규
2 도스토예프스키 1-2 죄와 벌(전2권) 이철 ◆
            3-5 카라마조프의 형제(전3권) 김학수 ★●
            6-8 백치(전3권) 박형규
            9-11 악령(전3권) 이철
3 W. 셰익스피어 1 셰익스피어 4대 비극 이태주 ★●
            2 셰익스피어 4대 희극 이태주
            3 셰익스피어 4대 사극 이태주
            4 셰익스피어 명언집 이태주
4 토마스 하디 1 테스 김회진 ◆
5 호메로스 1 일리아스 유영 ★●◆
            2 오디세이아 유영 ★●◆
6 밀 턴 1 실낙원 이창배

7 L. 톨스토이 1 부활(전2권) 이철
            3-4 안나 카레니나(전2권) 이철 ★●
            5-8 전쟁과 평화(전4권) 박형규 ◆
8 토마스 만 1-2 마의 산(전2권) 홍경호 ★●◆
9 제임스 조이스 1 더블린 사람들·비평문 김종건
            2-5 율리시즈(전4권) 김종건
            6 젊은 예술가의 초상 김종건 ★●
            7 피네간의 경야(抄)·詩·에피파니 김종건
            8 영웅 스티븐·망명자들 김종건
10 생 텍쥐페리 1 전시 조종사(외) 조규철
            2 젊은이의 편지(외) 조규철·이정림
            3 인생의 의미(외) 조규철
            4-5 성채(전2권) 염기용
            6 야간비행(외) 전채린·신경자
11 단테 1-2 신곡(전2권) 최현 ★●
12 J. W. 괴테 1-2 파우스트(전2권) 박환덕 ★●◆
13 J. 오스틴 1 오만과 편견 오화섭 ◆
            2-3 맨스필드 파크(전2권) 이옥용
            4 이성과 감성 송은주
14 V. 위 고 1-5 레 미제라블(전5권) 방곤
15 임어당 1 생활의 발견 김병철
16 루이제 린저 1 생의 한가운데 강두식
            2 고원의 사랑·옥중기 김문숙·홍경호
17 게르만 서사시 1 니벨룽겐의 노래 허창운
18 E. 헤밍웨이 1 누구를 위하여 종은 울리나 김병철
            2 무기여 잘 있거라(외) 김병철 ◆
19 F. 카프카 1 성(城) 박환덕
            2 변신 박환덕 ★●◆
            3 심판 박환덕
            4 실종자 박환덕
            5 어느 투쟁의 기록(외) 박환덕
            6 밀레나에게 보내는 편지 박환덕
20 에밀리 브론테 1 폭풍의 언덕 안동민 ◆

마크 트웨인

溫故知新으로 21세기를! 범우사 T.031)955-6900 F.031)955-6905
www.bumwoosa.co.kr

미국 수능시험주관 대학위원회 추천도서!
위한 책 최다 선정(31종) 1위!
세계문학

149권 발행 ▶계속 출간

▶크라운변형판
▶각권 7,000원~15,000원
▶전국 서점에서 낱권으로 판매합니다

★ 서울대 권장도서
● 연고대 권장도서
◆ 미국대학위원회 추천도서

- 21 마가렛 미첼 1-3 바람과 함께 사라지다(전3권) 송관식·이병규
- 22 스탕달 1 적과 흑 김봉구 ★●
- 23 B. 파스테르나크 1 닥터 지바고 오재국 ◆
- 24 마크 트웨인 1 톰 소여의 모험 김병철
  - 2 허클베리 핀의 모험 김병철
  - 3-4 마크 트웨인 여행기(전2권) 박미선
- 25 조지 오웰 1 동물농장·1984년 김회진
- 26 존 스타인벡 1-2 분노의 포도(전2권) 전형기 ◆
  - 3-4 에덴의 동쪽(전2권) 이성호
- 27 우나무노 1 안개 김현창
- 28 C. 브론테 1 제인 에어(전2권) 배영원 ◆
- 29 헤르만 헤세 1 知와 사랑·싯다르타 홍경호
  - 2 데미안·크눌프·로스할데 홍경호
  - 3 페터 카멘친트·게르트루트 박환덕
  - 유리알 유희 박환덕
- 30 알베르 카뮈 1 페스트·이방인 방 곤 ◆
- 31 올더스 헉슬리 1 멋진 신세계(외) 이성규·허정애 ◆
- 32 기 드 모파상 1 여자의 일생·단편선 이정림
- 33 투르게네프 1 아버지와 아들 이철 ◆
  - 2 처녀지·루딘 김학수
- 34 이미륵 1 압록강은 흐른다(외) 정규화
- 35 T. 드라이저 1 시스터 캐리 전형기
  - 2-3 미국의 비극(전2권) 김병철 ◆
- 36 세르반떼스 1 돈 끼호떼 김현창 ★●●
  - 2 (속) 돈 끼호떼 김현창
- 37 나쓰메 소세키 1 마음·그 후 서석연
  - 2 명암 김정훈
- 38 플루타르코스 1-8 플루타르크 영웅전(전8권) 김병철
- 39 안네 프랑크 1 안네의 일기(외) 김남석·서석연 ●
- 40 강용흘 1 초당 장문평
  - 2 동양선비 서양에 가시다 유영
- 41 나관중 1-5 원본 三國志(전5권) 황병국
- 42 귄터 그라스 1 양철북 박환덕 ★●

- 43 아쿠타가와류노스케 1 아쿠타가와 작품선 진웅기·김진욱 ●
- 44 F. 모리악 1 떼레즈 데께루·밤의 종말(외) 전채린
- 45 에리히 M.레마르크 1 개선문 홍경호
  - 2 그늘진 낙원 홍경호·박상배
  - 3 서부전선 이상없다(외) 박환덕 ◆
- 46 앙드레 말로 1 희망 이가형
- 47 A. J. 크로닌 1 성채 공문혜
- 48 하인리히 뵐 1 아담 너는 어디 있었느냐(외) 홍경호
- 49 시몬느 드 보봐르 타인의 피 전채린
- 50 보카치오 1-2 데카메론(전2권) 한형곤
- 51 R. 타고르 1 고라 유영
- 52 R. 롤랑 1-5 장 크리스토프(전5권) 김창석
- 53 노발리스 1 푸른 꽃(외) 이유영
- 54 한스 카로사 1 아름다운 유혹의 시절 홍경호
  - 2 루마니아 일기(외) 홍경호
- 55 막심 고리키 1 어머니 김현택
- 56 미우라 아야코 1 빙점 최현
  - 2 (속)빙점 최현
- 57 김현창 1 스페인 문학사
- 58 시드니 셸던 1 천사의 분노 황보석
- 59 아이작 싱어 1 적들, 어느 사랑이야기 김회진
- 60 에릭 시갈 1 러브 스토리·올리버 스토리 김성렬·홍성표

온고지신(溫故知新)으로 21세기를!

현대사회를 보다 새로운 시각으로 종합진단하여
그 처방을 제시해주는

범우사상신서

1 자유에서의 도피　E. 프롬/이상두
2 젊은이여 오늘을 이야기하자　렉스프레스誌/방곤·최혁순
3 소유냐 존재냐　E. 프롬/최혁순
4 불확실성의 시대　J. 갈브레이드/박현채·전철환
5 마르쿠제의 행복론　L. 마르쿠제/황문수
6 너희도 神처럼 되리라　E. 프롬/최혁순
7 의혹과 행동　E. 프롬/최혁순
8 토인비와의 대화　A. 토인비/최혁순
9 역사란 무엇인가　E. 카/김승일
10 시지프의 신화　A. 카뮈/이정림
11 프로이트 심리학 입문　C.S. 홀/안귀여루
12 근대국가에 있어서의 자유　H. 라스키/이상두
13 비극론·인간론(외)　K. 야스퍼스/황문수
14 엔트로피　J. 리프킨/최현
15 러셀의 철학노트　B. 페인버그·카스릴스(편)/최혁순
16 나는 믿는다　B. 러셀(외)/최혁순·박상규
17 자유민주주의에 희망은 있는가　C. 맥퍼슨/이상두
18 지식인의 양심　A. 토인비(외)/임현영
19 아웃사이더　C. 윌슨/이성규
20 미학과 문화　H. 마르쿠제/최현·이근영
21 한일합병사　야마베 겐타로/안병우
22 이데올로기의 종언　D. 벨/이상두
23 자기로부터의 혁명 ①　J. 크리슈나무르티/권동수
24 자기로부터의 혁명 ②　J. 크리슈나무르티/권동수
25 자기로부터의 혁명 ③　J. 크리슈나무르티/권동수
26 잠에서 깨어나라　B. 라즈니시/길연
27 역사학 입문　E. 베른하임/박광순
28 법화경 이야기　박혜경
29 융 심리학 입문　C.S. 홀(외)/최현
30 우연과 필연　J. 모노/김진욱
31 역사의 교훈　W. 듀란트(외)/천희상
32 방관자의 시대　P. 드러커/이상두·최혁순
33 건전한 사회　E. 프롬/김병익
34 미래의 충격　A. 토플러/장을병
35 작은 것이 아름답다　E. 슈마허/김진욱
36 관심의 불꽃　J. 크리슈나무르티/강옥구
37 종교는 필요한가　B. 러셀/이재황
38 불복종에 관하여　E. 프롬/문국주
39 인물로 본 한국민족주의　장을병
40 수탈된 대지　E. 갈레아노/박광순
41 대장정─작은 거인 등소평　H. 솔즈베리/정성호
42 초월의 길 완성의 길　마하리시/이병기
43 정신분석학 입문　S. 프로이트/서석연
44 철학적 인간 종교적 인간　황필호
45 권리를 위한 투쟁(외)　R. 예링/심윤종·이주향
46 창조와 용기　R. 메이/안병무
47-1 꿈의 해석 ⓐ　S. 프로이트/서석연
47-2 꿈의 해석 ⓑ　S. 프로이트/서석연
48 제3의 물결　A. 토플러/김진욱
49 역사의 연구 ①　A. 서머벨 엮음/박광순
50 역사의 연구 ②　A. 서머벨 엮음/박광순
51 건건록　무쓰 무네미쓰/김승일
52 가난이야기　가와카미 하지메/서석연
53 새로운 세계사　마르크 페로/박광순
54 근대 한국과 일본　나카스카 아키라/김승일
55 일본 자본주의의 정신　야마모토 시치헤이/김승일·이근원
56 정신분석과 듣기 예술　E. 프롬/호연심리센터

▶ 계속 펴냅니다

범우사　서울시 마포구 구수동 21-1호 전화 717-2121, FAX 717-0429
http://www.bumwoosa.co.kr (천리안·하이텔 ID) BUMWOOSA

온고지신(溫故知新)으로 21세기를!

범우고전선

시대를 초월해 인간성 구현의 모범으로 삼을 만한 책을 엄선

1 유토피아 토마스 모어/황문수
2 오이디푸스 王 소포클레스/황문수
3 명상록·행복론 M.아우렐리우스·L.세네카/황문수·최현
4 깡디드 볼떼르/염기용
5 군주론·전술론(외) 마키아벨리/이상두
6 사회계약론(외) J. 루소/이태일·최현
7 죽음에 이르는 병 키에르케고르/박환덕
8 천로역정 존 버니언/이현주
9 소크라테스 회상 크세노폰/최혁순
10 길가메시 서사시 N. K. 샌다즈/이현주
11 독일 국민에게 고함 J.G.피히테/황문수
12 히페리온 F. 횔덜린/홍경호
13 수타니파타 김운학 옮김
14 쇼펜하우어 인생론 A. 쇼펜하우어/최현
15 톨스토이 참회록 L.N.톨스토이/박형규
16 존 스튜어트 밀 자서전 J.S.밀/배영원
17 비극의 탄생 F.W.니체/곽복록
18-1 에 밀 (상) J.J.루소/정봉구
18-2 에 밀 (하) J.J.루소/정봉구
19 팡 세 B. 파스칼/최현·이정림
20-1 헤로도토스 歷史 (상) 헤로도토스/박광순
20-2 헤로도토스 歷史 (하) 헤로도토스/박광순
21 성 아우구스티누스 고백록 A.아우구스티누스/김평옥
22 예술이란 무엇인가 L.N.톨스토이/이철
23 나의 투쟁 A. 히틀러/서석연
24 論語 황병국 옮김
25 그리스·로마 희곡선 아리스토파네스(외)/최현
26 갈리아 戰記 G.J.카이사르/박광순
27 善의 연구 니시다 기타로/서석연
28 육도·삼략 하재철 옮김
29 국부론(상) A. 스미스/최호진·정해동
30 국부론(하) A. 스미스/최호진·정해동
31 펠로폰네소스 전쟁사(상) 투키디데스/박광순
32 펠로폰네소스 전쟁사(하) 투키디데스/박광순
33 孟子 차주환 옮김
34 아방강역고 정약용/이민수
35 서구의 몰락 ① 슈펭글러/박광순
36 서구의 몰락 ② 슈펭글러/박광순
37 서구의 몰락 ③ 슈펭글러/박광순
38 명심보감 장기근
39 월든 H.D. 소로/양병석
40 한서열전 반고/홍대표
41 참다운 사랑의 기술과 허튼 사랑의 질책 안드레아스/김영락
42 종합 탈무드 마빈 토케이어(외)/전풍자
43 백운화상어록 백운화상/석찬선사
44 조선복식고 이여성
45 불조직지심체요절 백운선사/박문열
46 마가렛 미드 자서전 M.미드/최혁순·최인옥
47 조선사회경제사 백남운/박광순
48 고전을 보고 세상을 읽는다 모리야 히로시/김승일
49 한국통사 박은식/김승일
50 콜럼버스 항해록 라스 카사스 신부 엮음/박광순
51 삼민주의 쑨원/김승일(외) 옮김
52-1 나의 생애 (상) L. 트로츠키/박광순
52-1 나의 생애 (하) L. 트로츠키/박광순
53 북한산 역사지리 김윤우
54-1 몽계필담 (상) 심괄/최병규
54-1 몽계필담 (하) 심괄/최병규

▶ 계속 펴냅니다

범우사 서울시 마포구 구수동 21-1호 TEL 717-2121, FAX 717-0429
http://www.bumwoosa.co.kr (E-mail) bumwoosa@chollian.net

범우학술·평론·예술

방송의 현실과 이론 김한철	텔레비전과 페미니즘 김선남·김홍규
독서의 기술 모티머 J./민병덕 옮김	아동문학교육론 B. 화이트헤드
한자 디자인 한편집센터 엮음	한국의 청동기문화 국립중앙박물관
한국 정치론 장을병	겸재정선 진경산수화 최완수
여론 선전론 이상철	한국 서지의 전개과정 안춘근
전환기의 한국정치 장을병	독일 현대작가와 문학이론 박환덕(외)
사뮤엘슨 경제학 해설 김유송	정도 600년 서울지도 허영환
현대 화학의 세계 일본화학회 엮음	신선사상과 도교 도광순(한국도교학회)
신저작권법 축조개설 허희성	언론학 원론 한국언론학회 편
방송저널리즘 신현응	한국방송사 이범경
독서와 출판문화론 이정춘·이종국 편저	카프카문학연구 박환덕
잡지출판론 안춘근	한국민족운동사 김창수
인쇄커뮤니케이션 입문 오경호 편저	비교텔레콤論 질힐/금동호 옮김
출판물 유통론 윤형두	북한산 역사지리 김윤우
통합적 마케팅 커뮤니케이션 김광수(외) 옮김	한국회화소사 이동주
'83~'97 출판학 연구 한국출판학회	출판학원론 범우사 편집부
자아커뮤니케이션 최창섭	한국과거제도사 연구 조좌호
현대신문방송보도론 팽원순	독문학과 현대성 정규화교수간행위원회편
국제출판개발론 미노와/안춘근 옮김	겸재진경산수 최완수
민족문학의 모색 윤병로	한국미술사대요 김용준
변혁운동과 문학 임헌영	한국목활자본 천혜봉
조선사회경제사 백남운	한국금속활자본 천혜봉
한국정치의 이해 장을병	한국기독교 청년운동사 전택부
조선경제사 탐구 전석담(외)	한시로 엮은 한국사 기행 심경호
한국전적인쇄사 천혜봉	출판물 판매기술 윤형두
한국서지학원론 안춘근	우루과이라운드와 한국의 미래 허신행
현대매스커뮤니케이션의 제문제 이강수	기사 취재에서 작성까지 김숙현
한국상고사연구 김정학	세계의 문자 세계문자연구회/김승일 옮김
중국현대문학발전사 황수기	불조직지심체요절 백운선사/박문열 옮김
광복전후사의 재인식 I, II 이현희	임시정부와 이시영 이은우
한국의 고지도 이 찬	매스미디어와 여성 김선남
하나되는 한국사 고준환	눈으로 보는 책의 역사 안춘근·윤형두 편저
조선후기의 활자와 책 윤병태	현대노어학 개론 조남신
신한국사의 탐구 김용덕	교양 언론학 강좌 최창섭(외)
독립운동사의 제문제 윤병석(외)	통합 데이타베이스 마케팅 시스템 김정수
한국현실 한국사회학 한완상	문화간 커뮤니케이션의 이해 최윤희·김숙현

범우사 서울시 마포구 구수동 21-1
전화 717-2121 FAX 717-0429

서울대 선정도서인 나관중의 '원본 삼국지'

범우비평판세계문학 41-❶❷❸❹❺
나관중 / 중국문학가 황병국 옮김

新개정판

원작의 순수함과 박진감이 그대로 담긴 '원본 삼국지'!

원작에 가장 충실하게 번역되어 독자로 하여금 읽는 즐거움을 느끼게 합니다.
이 책은 편역하거나 윤문한 삼국지가 아니라 중국 삼민서국과 문원서국
판을 대본으로 하여 원전에 가장 충실하게 옮긴 '원본 삼국지' 입니다.
한시(漢詩) 원문, 주요 전도(戰圖), 출사표(出師表) 등
각종 부록을 대거 수록한 신개정판.

·작품 해설: 장기근(서울대 명예교수, 한문학 박사) ·전5권/각 500쪽 내외·크라운변형판/각권 값 10,000원

제갈량

* 중·고등학생이 읽는 사르비아 〈삼국지〉
1985년 중·고등학생 독서권장도서(서울시립남산도서관 선정)
최현 옮김 / 사르비아총서 502·503·504 / 각권 6,000원

* 초등학생이 보면서 읽는 〈소년 삼국지〉
나관중 / 곽하신 엮음 / 피닉스문고 8·9 / 각권 3,000원

 **범우사** 서울시 마포구 구수동 21-1호 전화 717-2121, FAX 717-0429
http://www.bumwoosa.co.kr (E-mail) bumwoosa@chollian.net

범우희곡선

연극으로 느낄 수 없는 시나리오의
진한 카타르시스, 오랜 감동 …!

1. **세일즈맨의 죽음** 아서 밀러/오화섭 옮김
   고도로 발달된 산업사회에서 생겨난 물질 만능주의, 내적 갈등을
   예리하게 파헤친 밀러의 대표작.

2. **코카시아의 백묵원** 베르톨트 브레히트/이정길 옮김
   동독의 극작가로서 현대극의 완성자라 불리는 브레히트의 시적·
   서사적 대작.

3. **몰리에르 희곡선** 몰리에르/민희식 옮김
   희극작가로 유명한 몰리에르의 작품〈서민귀족〉, 〈스카펭의 간계〉,
   〈상상병 환자〉를 모았다.

4. **간계와 사랑** 프리드리히 실러/이원양 옮김
   괴테와 함께 고전주의의 쌍벽을 이루는 독일의 시인이며 극작가인
   실러의 희곡.

5. **욕망이라는 이름의 전차** 테네시 윌리엄스/신정옥 옮김
   미국 희곡의 금자탑, 극문학의 정점.
   옛 추억과 이상 속에서 사는 삶과 비열한 삶의 대립.

6. **에쿠우스** 피터 셰퍼/신정옥 옮김
   현실의 굴레와 원초적 욕망 사이에서 분열된 삶의 절규와
   인간의 자유를 심도있게 표출.

7. **뜨거운 양철지붕 위의 고양이** 테네시 윌리엄스/오화섭 옮김
   현대문명이 지닌 인간의 온갖 죄악과 부패와 비정상적 관계인
   한 가족을 다룬 작품.

8. **유리동물원** 테네시 윌리엄스/신정옥 옮김
   겨울안개처럼 슬픔의 빛깔과 가락만을 간직한 사람들이 엮어내는
   환상의 추억극.

9. **빌헬름 텔** 프리드리히 실러/한기상 옮김
   완전무결한 존재의 자유와 현실세계의 조화를 위해 투쟁하는 인간의 모습을
   그린 작품.

10. **아마데우스** 피터 셰퍼/신정옥 옮김
    인간의 원초적 감정의 실체를 날카롭게 파헤친 무대언어의 마술사
    피터 셰퍼의 역작.

11. **탤리 가의 빈집 (외)** 랜퍼드 윌슨/이영아 옮김
    현대의 체호프라 불리는 윌슨의 대표적인 작품
    〈탤리 가의 빈집〉과〈토분 쌓는 사람들〉수록.

12. **인형의 집** 헨리 입센/김진욱 옮김
    개인과 가정과 사회의 관계 속에서 일어나는 갈등과 모순을
    사실주의적으로 드러낸 입센의 회심작.

13. **산 불** 차범석 지음
    민족사의 비극을 바탕으로 인간 본연의 삶과 사랑에 대한 갈등을
    그려내고 있는 한국 리얼리즘 희곡의 걸작.

14. **황금연못** 어니스트 톰슨/최 현 옮김
    노부부의 사랑과 신뢰, 죽음을 앞두고 겪는 인간적 갈등과
    초월을 다룬 작품.

15. **민중의 적** 헨리 입센/김석만 옮김
    지역 온천개발을 둘러싸고 투자자인 지역주민들과
    개발계획자들 간의 흥미있는 대립을 그린 입센의 대표 작품.

16. **태(외)** 오태석 지음
    생의 근원적인 문제를 신화적, 우의적인 형태로 표현한 가장 한국적인 작품.

범우사
서울시 마포구 구수동 21-1호 TEL 717-2121, FAX 717-0429
http://www.bumwoosa.co.kr (천리안·하이텔 ID) BUMWOOSA